AF296201

Elie BLANC

PRÉLAT DE LA MAISON DE SA SAINTETÉ

Professeur de Philosophie à l'Université Catholique de Lyon

LA SYNTHÈSE

DES

CONNAISSANCES HUMAINES

Sciences et Arts

Culture, Industrie, Commerce et Transport

SES RAPPORTS

avec l'Enseignement et l'Ordre Social

LIBRAIRIE CATHOLIQUE EMMANUEL VITTE

LYON { 3, place Bellecour, 3 ‖ 5, rue Garancière, 5 } PARIS
     { SIÈGE SOCIAL ‖ 1, place St-Sulpice, 1 }

1924

La Synthèse

des

Connaissances Humaines

DU MÊME AUTEUR

Dictionnaire logique de la langue française. In-8 de 800 pages. Épuisé.

Petit Dictionnaire logique (comprenant toutes les définitions disposées par ordre logique). Épuisé.

Dictionnaire alphabétique et analogique. Plusieurs éditions. Épuisées.

Traité de philosophie scolastique, précédé d'un vocabulaire de la philosophie scolastique et de la philosophie contemporaine. Ouvrage honoré d'un Bref de S. S. Léon XIII. 3 vol. in-16 de 631, 522 et 502 p. Troisième édition, entièrement revue et mise à jour, 15 fr. 50 (Vitte, Lyon, 3 place Bellecour).

Histoire de la philosophie et particulièrement de la philosophie contemporaine. 3 vol. in-16 de 656, 660, 656 pp. 13 fr. 50 (Vitte).

Manuale philosophiæ scolasticæ. 2 vol. in-8 d'environ 400 pp. Prix 15 fr. (Vitte).

Dictionnaire de philosophie ancienne, moderne et contemporaine, fort vol. in-4 couronne de 1280 col. ou 640 pages. (Paris, Lethielleux). — Le supplément (années 1906, 1907, 1908), 154 col. même format.

Dictionnaire universel de la pensée, alphabétique, logique et encyclopédique. Classification naturelle et philosophique des mots, des idées et des choses. 2 vol. gr. in-8, à 2 col. (77 lignes) de 800 pp. chacun. (Vitte).

La foi et la morale chrétienne. Exposé apologétique. 256 pp. in-32. Ouvrage de propagande. (Lethielleux).

L'Encyclique « Pascendi domini gregis » et le Décret « Lamentabili sane exitu ». Texte latin et texte français. Suivis d'une Table alphabétique très détaillée avec renvois précis aux textes, au moyen de numéros d'ordre, 124 pp. in-8. Prix : 2 fr. 25. (Paris et Lyon, Vitte).

Mélanges philosophiques.., Études sociales, etc. (Vitte).

La philosophie traditionnelle et scolastique. Précis pour le temps présent in-8, 552 p. 2ᵉ édition.

Jésus Christ, hier, aujourd'hui et toujours, ou Esquisse d'une apologie de la foi catholique par l'Étude même de Notre-Seigneur Jésus-Christ. 135 p. in-8.

Les quinze mystères du Rosaire, 266 p. in-32. Prix : 3 fr.

La Dénatalité. Le grand mal et ses remèdes. Brochure de 28 pages.

Elie BLANC

PRÉLAT DE LA MAISON DE SA SAINTETÉ

Professeur de Philosophie à l'Université Catholique de Lyon

LA SYNTHÈSE

DES

CONNAISSANCES HUMAINES

Sciences et Arts

Culture, Industrie, Commerce et Transport

SES RAPPORTS

avec l'Enseignement et l'Ordre Social

LIBRAIRIE CATHOLIQUE EMMANUEL VITTE

LYON { 3, place Bellecour, 3 ‖ 5, rue Garancière, 5 } PARIS
{ SIÈGE SOCIAL ‖ 1, place St-Sulpice, 1 }

1924

AVANT-PROPOS

Cet ouvrage est comme la seconde édition de
l'Exposé de la synthèse des sciences, *publié en 1877
(in-8, avec tableaux). Cette œuvre de jeunesse a subi
de notables changements, quoique ses lignes principales n'aient pas varié. Le but est resté le même :
il s'agit toujours d'ordonner logiquement toutes les
connaissances humaines.*

*Mais cela est-il possible aujourd'hui, depuis que
les connaissances particulières se sont accrues et
multipliées à l'infini, pour ainsi dire, par suite des
progrès des sciences et de l'industrie? Nous répon-
dons que ces progrès eux-mêmes ont rendu cette
œuvre de synthèse plus nécessaire et peut-être aussi
plus facile qu'autrefois. Elle est plus nécessaire ; car
l'unité des connaissances est d'autant plus indispensable qu'elles sont très nombreuses, très variées,
et différentes jusqu'au point de paraître sans rapports mutuels ; elles sont l'âme de la société, qui souf-
frirait fatalement de leur dispersion, de leur désac-*

cord et, partant, des erreurs qui s'y trouvent mêlées. Cette œuvre de synthèse est rendue aussi plus facile ; car les connaissances, en se multipliant, remplissent mieux les cadres de la raison ; elles explorent toutes les régions de la pensée, dont il s'agit de dresser la carte ; elles finissent par se limiter les unes les autres, en formant des groupes naturels très distincts, qui ne laissent pas de s'unir entre eux par toutes les alliances désirables.

La question de la synthèse des connaissances s'impose donc aujourd'hui plus que jamais. Elle fut déjà résolue en principe par les anciens et surtout par les scolastiques, dont l'œuvre sera appréciée dans la seconde partie de cet ouvrage. Au lieu de construire sur ces fondements éprouvés, les philosophes modernes les négligèrent. Aussi les « classifications » et les « systèmes » qu'ils ont proposés sont-ils arbitraires ou insuffisants. Avant de les exposer et de les critiquer, on essaiera, dans la première partie de cet ouvrage, de construire sur les fondements posés par la tradition, une synthèse générale des connaissances humaines, qui donne satisfaction aux exigences légitimes de la science contemporaine.

PREMIÈRE PARTIE

Exposition de la Synthèse des Connaissances

CHAPITRE PREMIER

Observations préliminaires sur les sciences et les arts. — Division des connaissances en cinq embranchements.

Les sciences et les arts embrassent toute l'étendue des connaissances humaines, depuis les plus hautes spéculations jusqu'aux moindres œuvres de l'artisan et de l'ouvrier. Quelle variété dans les sciences ! Chacune d'elles est formée d'un système particulier des vérités, théoriques ou pratiques, concernant la nature extérieure ou la nature humaine, les sociétés présentes ou passées et jusqu'à Dieu lui-même. Et quelle variété non moins admirable dans les arts ! Leurs œuvres innombrables sont tour à tour purement intellectuelles ou sensibles, extérieures, artistiques, voire même industrielles et commerciales, tout en gardant un certain caractère moral. L'homme tout entier est ainsi mesuré par ses connaissances, en sorte qu'il ne peut se grandir qu'en les agrandissant d'abord elles-mêmes. Il est à leur image, de même qu'elles sont à la sienne.

Leur complexité et leur unité ressemblent étonnamment, en effet, à l'unité et à la complexité de son être physique et moral. De même que toutes nos facultés, sensibles et intellectuelles, travaillent de concert et combinent leur action en vue des mêmes fins ; de même encore que tous nos membres et tous nos organes se prêtent un mutuel concours et n'agissent jamais isolément, de même aussi toutes nos connaissances s'éclairent les unes les autres et collaborent à une même vie, pleinement humaine.

Et cela nous explique déjà comment les sciences et les arts s'associent de mille manières, variables à l'infini, sans aucune confusion, tout en restant parfaitement distincts. Une même science peut éclairer un grand nombre d'arts, qui, d'ailleurs, n'ont rien de commun entre eux ; et un même art peut demander leur concours à des sciences très différentes. C'est ainsi que la physique, la chimie commandent la plupart des arts industriels et des métiers qui progressent avec elles du même pas ; et, d'autre part, des arts compliqués, tels que celui de la guerre ou celui de l'éducation, réclament, pour ainsi dire, le concours de toutes les sciences.

Il est donc naturel et nécessaire que des groupes de connaissances, plus ou moins bien apparentées entre elles, soient formés en vue de certains enseignements professionnels ou de quelque service public. De là les Facultés, qui composent les Universités, comme aussi les Ecoles spéciales, qui se multiplient tous les jours. Les relations que chaque connaissance soutient avec toutes les autres, sont ainsi mieux remarquées. Une seule chose est à craindre, c'est que la part et l'influence légitimes des connaissances maîtresses ne soient diminuées et réduites à néant par ce développement extraordinaire d'un savoir technique et industriel.

Cet ouvrage a précisément pour but de parer à ce danger. Il montre la place et le rôle nécessaire de ces sciences mères : la théologie, l'histoire véridique, la philosophie, la morale, sans lesquelles les autres connaissances, si brillantes ou si utiles soient elles, seront des principes de mort plutôt que des germes de vie.

Exposons maintenant le plan général de toutes les connaissances humaines. Elles se ramènent, comme on l'a vu, aux sciences et aux arts. Or, les arts diffèrent des sciences en ce qu'ils visent formellement quelque œuvre à faire, tandis que les sciences visent formellement le vrai. L'œuvre visée par l'art doit être belle ou bonne, bien faite : c'est dire que l'art cherche à réaliser quelque bien.

Mais le bien suppose le vrai et souvent même le beau. Voilà donc trois réalités supérieures, dont deux au moins sont transcendantes, qui sont les objets formels des sciences et des arts, et qui, partant, serviront à les distinguer : le *vrai*, le *beau* et le *bien*.

Mais au bien, qui est essentiellement une fin, se rapporte l'*utile*, qui est une fin intermédiaire, subordonnée à une fin principale. Et l'utile lui-même n'est formellement tel que s'il est donné en temps et lieu *opportuns*. Nous avons ainsi les objets formels des cinq embranchements dans lesquels se distribuent toutes les sciences et tous les arts, sans renoncer à aucun rapport naturel, à aucune de leurs combinaisons possibles. Car l'*opportun* est une espèce d'utile ; l'*utile* n'est qu'une espèce de bien ; et le *bien*, avec le *beau*, ne peut être donné en dehors du *vrai*.

Remarquons aussi que les arts ne doivent pas être séparés radicalement des sciences, dans le système des connaissances. Car il est des arts qui ont pour objet des œuvres ou des créations de pure imagination, voire même de pure intelligence. Ces œuvres sont inséparables de la science qui les conçoit et les fait accomplir. Il est d'autres arts qui, sans viser une œuvre d'imagination ou intellectuelle, sont si bien liés avec une science déterminée qu'ils font corps avec elle. Pour ces diverses raisons, on qualifie indifféremment de science ou d'art certaines connaissances telles que la logique, la morale, la géométrie, la médecine.

La science théorique ou spéculative et la science pratique sont mieux liées encore que ne le sont la science et l'art. Car il suffit d'une découverte ou d'une circonstance nouvelle, pour qu'une science spéculative devienne pratique. Toute science complète est composée, pour ainsi dire, de deux parties, dont la première appelle la seconde : une partie théorique et une partie pratique. A son tour, la science pratique appelle l'art, qui s'étend jusqu'aux moindres détails des œuvres humaines. La science proprement dite fait les savants ; la science pratique fait les praticiens et les experts ; l'art fait les ingénieurs et les techniciens, qui n'ignorent rien des secrets de l'industrie. Sous le bénéfice de ces observations, nous osons présenter maintenant le plan général des connaissances humaines.

Le premier embranchement comprend les sciences, qui ont pour objet formel le *vrai*. On n'en sépare pas des arts libéraux qui ont pour objet des œuvres intellectuelles ou de pure imagination.

Le deuxième embranchement comprend les beaux-arts qui ont pour objet formel le *beau sensible :* architecture, sculpture, dessin, etc. Aux beaux-arts proprement dits, qui sont, pour ainsi dire, les arts de la paix, s'ajoutent naturellement les arts de la lutte : athlétisme, jeux, sport, art de la guerre.

Le troisième embranchement, celui de la culture, comprend les arts qui ont pour but propre le *bien*, le perfectionnement de la personne ou de la chose cultivée. De là, deux ordres de culture très divers et cependant reliés entre eux par de frappantes analogies : la culture de la personne humaine, en particulier de l'enfance et de la jeunesse, et la culture des êtres vivants, animaux et plantes. La culture de la personne comprend l'enseignement et l'éducation. La culture des êtres vivants comprend l'art pastoral, l'agriculture, etc.

Le quatrième embranchement, celui de l'industrie, comprend tous les arts qui ont pour fin propre la création de quelque *utilité* économique, de quelque richesse. De là, tous les genres d'industries. Elles s'étendent aussi loin que les besoins matériels de l'homme. De là, en particulier, les industries du bâtiment et du meuble, celles du vêtement et de l'alimentation.

Enfin, le cinquième embranchement comprend le commerce et le transport, qui fournissent, en *temps* et *lieu opportuns* toutes les richesses *utiles*. Le commerce multiplie ses formes avec les richesses auxquelles il s'applique et les moyens qu'il emploie. Le transport n'est pas moins varié et, en outre, il s'étend également aux personnes et aux choses. Il s'effectue de bien des manières et par toutes sortes de voies : terrestres, fluviales, maritimes et même aériennes.

Ce plan général suggère des réflexions importantes. On y voit comment, dans une société, doivent s'organiser et se compénétrer toutes les activités morales et économiques. Les sciences et les arts supérieurs unissent tous les membres et, par l'enseignement, ils les vivifient jusqu'aux dernières cellules. Il y a des organes nombreux et parfaitement distincts ; mais il n'y a pas de cloison étanche. Les pages suivantes, avec le tableau général des connaissances qui termine l'ouvrage, le montreront de mieux en mieux.

Une réflexion plus générale trouve ici sa place bien marquée. Les cinq embranchements des connaissances humaines ne sont-ils pas unis dans une tige commune ? Les Grecs comprenaient tout le savoir humain dans le nom de *sagesse*. Et cette sagesse, dans leur pensée, expliquait la vertu, puisqu'elle devait exclure toute erreur et que, sans erreur, il n'y a pas de péché. L'auteur des Ecritures, qui a parlé magnifiquement de la sagesse, ne lui donna pas moins d'extension : il l'enrichit, en outre, de toutes les lumières surnaturelles. Mais la sagesse parfaite et transcendante, une et indivisible, n'existe qu'en Dieu. Il est le *Dieu des sciences* et le *Dieu des vertus*. Il est l'Artiste et l'Ouvrier supérieur, qui a créé les mondes et sculpté toutes les espèces vivantes. C'est de lui que les astres reçoivent leur lumière et le mouvement qui les emporte à travers l'espace, dans leurs orbites immenses. Il préside aux échanges mutuels et au commerce incessant qui associent entre elles toutes ses créatures. Les connaissances humaines sont comme des rayons de sa gloire. Malgré leur indigence et les ténèbres qui les enveloppent, elles s'étendent de quelque manière à toutes ses œuvres : elles attestent son existence, elles célèbrent sa bonté et sa grandeur !

CHAPITRE II

Subdivisions principales du premier embranchement.

On a vu que le premier embranchement comprend les sciences proprement dites et certains arts, qui n'en sont guère séparables, parce qu'ils ont pour objet des œuvres intellectuelles ou de pure imagination. Or, les sciences ont pour objet formel le vrai et sont spécifiées par lui. Mais le vrai nous est donné de deux manières bien différentes : par le témoignage et par l'évidence personnelle. Toute science, en effet, est fondée sur « l'évidence de l'autorité ou l'autorité de l'évidence ». Et parce que l'homme est d'abord « un être enseigné », il convient de placer en premier lieu les sciences fondées sur l'évidence de l'autorité ou le témoignage. Celui-ci est divin ou purement humain. De là deux groupes de sciences, dont on ne saurait trop apprécier l'étendue et l'importance : les sciences théologiques et les sciences historiques.

Quant aux sciences qui sont fondées sur l'évidence personnelle, elles comprennent trois groupes principaux : les sciences philosophiques, les sciences mathématiques, les sciences physiques et naturelles. Elles se distinguent profondément les unes des autres par leurs objets formels et par les principes propres sur lesquels elles reposent. Les sciences philosophiques, en effet, ont pour objet l'être même, les essences, les natures, les idées ou des réalités qui échappent aux prises des mathématiques et qu'elles atteignent par les principes les plus abstraits. Quand il se sert de ces principes, l'esprit fait abstraction non seulement des qualités sensibles, mais encore de toute quantité, de toute forme imaginaire, en sorte qu'il conçoit des objets qui ne s'imaginent pas, quoiqu'il se serve encore de quelque image pour les concevoir.

Les mathématiques, au contraire, ont pour objet propre la quantité, l'étendue, le nombre, la mesure, les grandeurs et leurs rapports. Elles font abstraction des qualités sensibles, mais elles retiennent la quantité, qui est l'accident fondamental des corps. C'est pourquoi leur objet peut toujours s'imaginer, au moins en partie et successivement.

L'abstraction propre aux sciences physiques et naturelles est moins élevée encore, puisque ces sciences ne font abstraction que des individualités ou particularités sensibles, pour retenir certaines qualités ou autres accidents. D'ailleurs, comme tous les accidents purement sensibles sont fondés sur la quantité et tombent ainsi sous la mesure, on entrevoit déjà les relations nécessaires des mathématiques et du calcul avec toutes les sciences physiques et naturelles.

Revenons maintenant sur chacun de ces trois groupes de sciences, afin de déterminer leurs principales subdivisions. D'abord les sciences philosophiques se ramènent aux trois sciences fondamentales et universelles qui sont les suivantes : la logique, la métaphysique et la morale. Cette division traditionnelle est imposée par l'objet même de la philosophie. Cet objet est tour à tour l'être idéal ou plutôt l'idée, l'être réel et l'être moral. En d'autres termes, la logique a pour objet propre les idées (êtres de raison), en tant qu'elles sont des principes de connaissance ; elle traite de la vérité purement subjective, c'est-à-dire de l'accord de la pensée avec elle-même et de l'ordre à mettre dans les idées. Elle est universelle, puisque l'homme a des idées de tout. Elle comprend une logique formelle et une logique matérielle ou mieux encore : la dialectique, la critique ou critériologie et la méthodologie. Il lui appartient d'unifier la science et l'on a pu dire qu'elle est la science de la science.

A son tour, la métaphysique n'est pas moins universelle, puisqu'elle a pour objet toute réalité, en particulier les réalités les plus hautes, exprimées par les idées les plus abstraites. Elle traite de la vérité réelle, des principes de l'existence et de l'ordre même des choses. Elle comprend la métaphysique générale ou ontologie et la métaphysique spéciale. La première traite des réalités transcendantes, des genres suprêmes ou catégories et des causes. La seconde traite successivement de la nature extérieure, de l'âme humaine et de Dieu, qui nous est connu par la nature extérieure et mieux encore par l'âme et la conscience. De là, trois sciences métaphysiques distinctes : la cosmologie ou philosophie de la nature, la psychologie ou philosophie de l'esprit, la théologie naturelle ou théodicée.

Enfin, la morale n'est pas moins universelle que la logique et la métaphysique ; car elle a pour objet, les principes de la conduite, l'ordre des actions, des intentions et des fins. Elle comprend une morale générale et une morale spéciale, l'éthique et le droit naturel. Rien ne lui est étranger de

ce qui regarde les devoirs et les droits des individus, des familles et des sociétés.

Ici vient le groupe si important des sciences
sociales comprises quelquefois sous le nom de
sociologie. Mais c'est une erreur grave de penser,
avec les positivistes, que la sociologie n'est qu'une
science naturelle et historique des sociétés, sans
principes absolus. Les sciences sociales sont subalternes de la philosophie morale. Elles comprennent
le droit positif ou la législation humaine, dont le
fondement nécessaire est le droit naturel, la politique et l'économie politique. Ces sciences traitent
des rapports qui doivent unir entre eux les membres de la société. Or, ces rapports, alors même
qu'ils sont d'ordre physique et matériels, ne laissent
pas d'être humains ; ils sont donc soumis à la raison et à la loi morale.

La philosophie se subordonne encore un autre
groupe de connaissances très distinct : ce sont
les sciences et les arts littéraires. Malgré leur
extrême variété, toutes ces connaissances ont un
objet commun, qui est l'expression des idées ou de
la pensée. Elles relèvent donc spécialement de la
logique, qui est la science des idées et l'art de
penser. Vient d'abord la grammaire, qui est l'art
de parler et d'écrire correctement. Viennent ensuite les belles-lettres : l'éloquence qui persuade ;
la poésie qui enchante ; l'art de l'écrivain, qui

emprunte à toutes les sciences et surtout à la psychologie. Viennent enfin des connaissances qui sont nées beaucoup plus tard que les précédentes : la linguistique, la philologie, la lexicologie, la bibliographie, etc. Elles tranchent sur les belles-lettres, dont elles sont néanmoins les assises. Elles empruntent beaucoup à l'histoire, qu'elles éclairent à leur tour. Avec la littérature de chaque peuple, elles sont le miroir fidèle où viennent se peindre la pensée et l'âme nationales.

Faut-il maintenant rattacher les mathématiques et les sciences physiques à la métaphysique, comme nous avons rattaché les lettres à la logique et les sciences sociales à la morale et au droit naturel? On ne peut le faire sans réserve ; car les mathématiques et les sciences physiques ne sont pas des sciences subalternes de la philosophie. Elles ont leurs principes et leurs objets propres, qui ne sont pas ceux de la philosophie. On s'explique ainsi que ces sciences se soient développées prodigieusement, alors que la philosophie paraissait stationnaire. Mais il est vrai que les principes induits de l'expérience, qui sont propres aux sciences de la nature, ne sont bien établis qu'au moyen des principes absolus de la métaphysique. Il est vrai encore que les certitudes mathématiques et physiques sont ébranlées dans la mesure où l'on révoque en doute les lois absolues de la métaphysique. De là le relativisme exagéré, disons même ce scepticisme qui tend à envahir toutes les sciences par suite du dédain de la métaphysique.

En ce qui concerne les mathématiques, elles ont pour objet la quantité, qui est l'accident fondamental des corps. La quantité est continue ou discontinue. La première est l'objet de la géométrie ; la seconde est l'objet de l'arithmétique. Aux objets de ces deux sciences s'applique le calcul mathématique, dont la forme la plus abstraite est l'algèbre. Ce qui fait l'importance extrême des mathématiques, c'est que, par la quantité, elles s'appliquent à tout ce qui a nombre, poids et mesure, et, par conséquent, à toutes les qualités, à toutes les actions des corps : mouvement, espace, temps, lumière, chaleur, électricité, force motrice, etc. Mais elles n'ont pas de prise sur les réalités supérieures, qui échappent à la quantité, à toute mesure proprement dite, qu'elle soit spatiale ou numérique. Les mathématiques n'en fécondent pas moins les sciences physiques et naturelles, qui ne se développent qu'avec leur concours. De là, par exemple, la physico-mathématique.

On comprend quelquefois, sous le nom de physique, la plupart des sciences de la nature. Mais cette science a spécialement pour objet les qualités et les actions des corps : pesanteur, énergie, mouvement, son, chaleur, lumière, électricité, etc. Les sciences suivantes dépendent d'elle, tout en gardant un caractère distinctif. Vient d'abord la mécanique, qui traite du mouvement. Etudiée de la manière la plus abstraite, elle n'est guère qu'une science mathématique : ainsi la mécanique céleste. Mais, considérée dans ses applications, elle s'étend aussi loin que l'emploi des machines et des mécanismes de tout ordre : elle a sa place dans toutes les industries.

Comme la mécanique, l'astronomie est unie étroitement aux mathématiques pures ; mais, en tant que description du monde céleste ou cosmographie, elle devient une science physique et même une histoire naturelle. A la cosmographie succèdent naturellement la météorologie et la géographie. Celle-ci dresse la carte de la terre, comme la cosmographie dresse la carte du ciel. La géographie physique appelle la géographie politique, la géographie commerciale, etc., sciences bien différentes, qu'on groupe cependant en vue d'un même enseignement (v. chap. VII).

A la géographie physique succède naturellement la géologie, qui étudie l'intérieur du globe terrestre, sa formation par couches successives. En explorant les divers terrains, le géologue découvre les vestiges des flores et des faunes disparues. Ces fossiles sont l'objet de la paléontologie, qui a des relations étroites avec la botanique et la zoologie. Les géologues rencontrent aussi toutes sortes de minéraux. Ceux-ci sont l'objet de la minéralogie, qui touche à la chimie, science beaucoup plus vaste et très importante.

La chimie, en effet, étudie tous les corps dans leurs différents états : solide, liquide, gazeux. Elle recherche, par l'analyse, leurs éléments sensibles, qu'elle recompose ou associe ensuite en des combinaisons et des mélanges, variables à l'infini. De là un certain nombre de corps simples ou qualifiés tels, parce qu'ils ont résisté jusqu'ici à la décomposition ; de là aussi, un nombre toujours plus grand de mélanges et surtout de combinaisons, dont les propriétés sont parfois si étonnantes. Mais, quelles que soient les découvertes et les expériences de la chimie, elle ne peut expliquer la vie organique, ni la reproduire. La chimie dite organique ne fait qu'analyser ou reproduire des corps que la vie organique compose naturellement.

La biologie, science de la vie organique, diffère donc absolument de la chimie. Elle comprend l'anatomie et la physiologie : l'anatomie, qui est la science de la structure des corps vivants ; la physiologie, qui est la science des fonctions organiques. Les deux règnes vivants, le règne animal et le règne végétal, sont ainsi l'objet de la biologie.

La botanique, science des plantes et autres végétaux, et la zoologie, science des animaux, se distinguent néanmoins de la biologie, parce qu'elles étudient leurs objets et chaque espèce vivante en particulier d'une manière moins abstraite. Elles consistent surtout en descriptions et méritent ainsi le nom d'histoire naturelle.

Il faut remarquer, en outre, que la zoologie déborde la biologie. Car la vie sensible des animaux ne se ramène pas à des fonctions organiques. Toutes les facultés sensibles et, en particulier, l'instinct, sont étudiés par la psychologie comparée et rentrent ainsi dans la philosophie. C'est donc à tort que les positivistes ramènent la psychologie à la biologie, sous le nom de psycho-physiologie. La science de la vie organique engendrerait ainsi, avec la psychologie, la morale et toutes les sciences sociales. C'est la négation radicale de la philosophie elle-même.

La médecine, science de l'homme, en tant que vivant de la vie organique, rentre donc dans la biologie et la zoologie. Mais la médecine prend une importance extraordinaire par le fait que l'homme a des facultés intellectuelles et une valeur morale.

Les sciences médicales sont déjà nombreuses et variées, à cause de la nature complexe de l'homme et de la diversité des moyens de conserver et de rétablir la santé. Le médecin doit connaître l'anatomie et la physiologie, l'hygiène, la thérapeutique, la pharmaceutique et, pour ainsi dire, toutes les sciences physiques et naturelles, dans leur rapport avec la santé de l'homme. Sa science est en même temps un art, alors surtout qu'il doit intervenir, au cours d'une maladie ou à la suite d'un accident, par une opération chirurgicale. Les malades sont si différents les uns des autres, les opérations chirurgicales varient tellement avec les divers organes que la médecine et la chirurgie tendent à se spécialiser de plus en plus. Mais le médecin et le chirurgien doivent toujours être des psychologues et des moralistes ; ils doivent ne rien ignorer de leur devoir professionnel. Et c'est ainsi que la médecine, qui vient après toutes les sciences de la nature, les résume en quelque sorte et communique avec les sciences les plus hautes, la philosophie et la morale religieuse.

CHAPITRE III

Les sciences théologiques et les sciences historiques.

Nous devons maintenant examiner chacune des sciences principales du premier embranchement, afin de déterminer leur nature, leurs éléments essentiels, leurs rapports avec les autres connaissances, le rôle qui leur revient dans l'enseignement et dans l'ordre social. Au premier rang est la théologie sacrée. On lui a contesté la qualité de science parce qu'elle est fondée sur la foi. Il est vrai que la foi est une connaissance, sans être elle-même une science. Mais la foi n'est que le fondement de la théologie sacrée. Le théologien rapproche et compare les vérités révélées ; il les explique les unes par les autres et en tire les conséquences spéculatives et pratiques qu'elles comportent ; il les confirme même par la raison, quand elles appartiennent à l'ordre naturel ; il les éclaire tout au moins par des raisons de convenance. Les rapports de la théologie avec l'histoire et avec la philosophie sont des plus étroits. De même que ces sciences, elle a un caractère d'universalité.

On entrevoit déjà l'étendue et la variété des sciences théologiques. La théologie dogmatique est la connaissance de toutes les vérités qu'il faut croire ou qui ont été proposées de quelque manière à notre foi. La théologie morale est la connaissance de toutes les vérités qu'il faut pratiquer. A la morale se rapporte la casuistique ou solution des cas de conscience ; on l'a trop discréditée, quoiqu'elle prête à certains abus. A la morale encore se rapportent la théologie ascétique et la théologie mystique. C'est en observant les règles très sages tracées par l'ascétisme chrétien que l'âme s'exerce et se perfectionne dans la pratique de toutes les vertus, en particulier les vertus sociales. Quant à la théologie mystique, elle traite des rapports intimes et parfois même extraordinaires de l'âme avec Dieu. Ici, nous touchons à des controverses, dans lesquelles nous ne pouvons entrer. Disons seulement que toute âme, si elle ne résiste pas aux influences de la grâce, est appelée à une parfaite union avec Dieu et que cette union est compatible avec les genres de vie les plus différents, comme on le voit très bien par les exemples des saints.

Selon la méthode qu'on emploie, la théologie dogmatique est susceptible de recevoir deux caractères assez différents : elle est scolastique ou positive. La théologie positive développe surtout les preuves d'autorité, tirées de l'Ecriture, des conciles, des Pères, de l'histoire ecclésiastique, etc. La théologie scolastique insiste plutôt sur les rapports des vérités révélées avec les vérités de la raison : elle s'unit étroitement avec la philosophie scolastique. L'exemple le plus remarquable de cette union est donné dans les œuvres de saint Thomas d'Aquin.

Dans la théologie positive rentrent de différentes manières les connaissances suivantes : la patrologie, si bien liée aux lettres chrétiennes, l'histoire du dogme, qui est un aspect particulier de l'histoire de l'Eglise, l'exégèse ou l'interprétation des saints livres. Tout en supposant une érudition très vaste et très variée, ces sciences ne laissent pas d'être théologiques; car l'autorité suprême qui les éclaire, c'est toujours l'autorité divine, dont l'organe vivant est l'Eglise, qui a pour chef le Souverain Pontife. C'est donc l'Eglise qui juge, en définitive, du véritable sens des Ecritures et qui est la gardienne infaillible de la tradition religieuse. On voit dès lors toute la différence qui existe entre l'exégèse biblique et une exégèse profane, qui porte sur des documents purement humains.

A la théologie se rapporte le droit canon ou droit ecclésiastique. Fondée par Jésus-Christ et société parfaite, l'Eglise a une constitution divine et elle est gouvernée par les lois que portent les autorités ecclésiastiques. Les lois disciplinaires varient nécessairement avec les temps, les lieux et les peuples, qui sont si divers, étant donnée l'universalité de l'Eglise ; mais les lois fondamentales sont immuables comme les lois divines elles-mêmes.

Parmi les lois ecclésiastiques, celles qui concernent le culte extérieur forment un groupe distinct : c'est l'objet de la liturgie. Son importance est très grande, soit à cause du culte extérieur lui-même, sans lequel il n'y a pas de société religieuse, soit à cause de la signification des cérémonies, qui sont une expression authentique de la piété et de la foi catholiques. La liturgie est donc liée étroitement avec la théologie dogmatique.

Enfin, l'apologétique doit être comptée aussi parmi les sciences théologiques, en tant du moins qu'elle défend la foi catholique contre la synagogue et les hérétiques : elle s'appuie alors sur les Ecritures et les traditions religieuses. Unie à la théologie naturelle ou théodicée, elle prend le nom de théologie fondamentale.

Mais l'apologétique a élargi beaucoup son domaine. Pour répondre aux objections soulevées par des historiens, des philosophes, des incrédules et des athées, elle a fait appel à toutes les connaissances humaines, qu'elle a mises ainsi au service de la foi. Et parce que tous les débats entre la foi et l'esprit d'incrédulité sont tranchés, en définitive, par la raison, l'apologétique est devenue une science éminemment philosophique. C'est donc seulement avec l'apologétique et la philosophie chrétienne que la théologie sacrée exerce toute son influence légitime et salutaire. On le verra mieux encore dans le chapitre consacré aux sciences philosophiques, qui elles-mêmes ont été protégées et sauvées plus d'une fois par la théologie sacrée ou du moins par la foi catholique.

Il faut signaler maintenant l'action profonde et admirable que la théologie a exercée et devrait exercer encore sur les arts principaux, sur l'enseignement et la moralité publique. C'est d'elle que sont nés, pour ainsi dire, tous les arts religieux. Le siècle des cathédrales ogivales est aussi le siècle des Sommes théologiques. La plupart des chefs-d'œuvre de la sculpture et de la peinture ont été inspirés par l'idée chrétienne : ils rappellent ou traduisent quelque fait religieux, souvent même quelque vérité dogmatique. L'art dramatique a été précédé par les *mystères*, si populaires au moyen âge ; et il ne trouve sa valeur morale et sa perfection qu'en reprenant contact avec la foi religieuse.

Mais c'est par l'enseignement et l'éducation surtout que la théologie doit agir sur l'âme d'un peuple et, partant, sur tous les membres et sur tous les organes d'une société. Qu'est-ce, en effet, que le catéchisme, ce petit livre, qui est le plus indispensable, à l'école et au foyer domestique, sinon une théologie élémentaire, doublée d'une philosophie accessible à tous les esprits? C'est là que l'enfant est instruit déjà de ses devoirs et de sa glorieuse destinée. Ce que des philosophes païens ont ignoré, ce que des savants superbes méconnaissent, il le sait : Dieu l'a créé, il l'aime, il veut son bonheur éternel, qui n'est possible que par la pratique de la vertu. La crainte de Dieu est le commencement de la sagesse. Si ces connaissances théologiques élémentaires se développaient dans les esprits, comme il le faudrait, dans la mesure où s'y développent les autres connaissances, on voit quels principes d'ordre et de moralité elles apporteraient à la société. Les dépositaires du pouvoir, les chefs d'industrie, les possesseurs de grandes fortunes connaîtraient mieux leur responsabilité et l'étendue de leurs devoirs. Car les connaissances théologiques ne sont pas les privilèges du clergé, qui doit les approfondir et les enseigner : elles sont nécessaires à tous les esprits dans la mesure même où ils sont cultivés. Vulgarisées dans le peuple, elles n'en seraient pas pour cela diminuées ni affaiblies, et les mœurs, avec la conscience publique et la conscience professionnelle, en seraient renouvelées. Il va sans dire que la science théologique elle-même ne suffit pas pour opérer cette transformation ; mais elle en est la première condition et l'une des causes les plus efficaces.

Venons, maintenant, aux sciences historiques, fondées sur le témoignage humain, comme la théologie est fondée sur l'autorité divine. Considérée comme un simple récit des événements passés, l'histoire n'est pas une science proprement dite ; mais elle prend un caractère hautement scientifique et souvent d'une grande portée morale, lorsque l'historien met en évidence l'enchaînement et la suite logique des événements, en dégageant leurs véritables causes et en montrant leurs conséquences plus ou moins nécessaires. Il ne sera pas à la hauteur de sa tâche, s'il manque d'esprit critique et si sa psychologie est en défaut. C'est le cas de dire que rien d'humain ne doit lui être étranger. Il doit connaître toutes les passions des hommes, en s'affranchissant lui-même de toute passion troublante et de tout préjugé. Il siège, pour ainsi dire, au tribunal de l'histoire qui doit rendre justice à la vérité. Cette vérité historique est nécessaire à la société présente, qui ne peut bien se connaître elle-même et préparer son avenir qu'en se souvenant du passé et des traditions léguées par les ancêtres. Les anciens avaient déjà compris cette importance extrême de l'histoire : dans leurs fables savantes, ils faisaient de Mnémosyne, déesse de la mémoire, la mère des Muses et de tous les arts. Et, de fait, toutes les connaissances humaines, sans excepter la théologie, plongent leurs racines dans l'histoire.

L'histoire s'étend aussi loin que le passé de l'humanité et elle comprend toutes les manifestations de l'esprit et du génie humain. De là son ampleur universelle et son infinie variété. Dans l'histoire générale de l'humanité se distingue surtout l'histoire religieuse qui comprend l'histoire sainte et l'histoire de l'Eglise. L'histoire sainte est la seule histoire authentique des origines de l'humanité. Chaque peuple, chaque nation, chaque empire revendique ensuite son histoire. Mais ces histoires particulières sont inséparables de l'histoire religieuse ou du moins de l'histoire des religions. Celles-ci ne furent souvent que des aberrations du sentiment religieux. Mais l'apologétique se sert de leurs erreurs mêmes et de leurs contradictions pour démontrer la vérité de la religion chrétienne.

Ensuite, chaque connaissance en particulier a son histoire propre, qu'on peut tirer de l'ensemble où elle est engagée. C'est ainsi que nous avons l'histoire de la théologie, de la philosophie, des beaux-arts, des lettres, des mathématiques, etc. Remarquons encore les monographies et les biographies, dont l'objet est plus restreint. De là, par exemple, les monographies de certaines cathédrales, les vies des saints et autres personnages illustres.

Parmi les sciences auxiliaires de l'histoire, on remarquera l'archéologie, la numismatique, la paléographie, la diplomatique, l'épigraphie. Ces dernières sciences appartiennent également au groupe des lettres. Mais on sait comment les sciences s'éclairent mutuellement sans confusion. L'histoire est liée mieux encore avec la chronologie et avec la géographie, qui marquent les temps et les lieux dans lesquels les événements se sont accomplis.

Il reste à signaler la part importante qui revient à l'histoire dans l'enseignement et l'influence bien-

faisante qu'elle doit exercer sur l'esprit public et
national. L'histoire des origines de l'humanité et
celle des origines chrétiennes sont déjà liées à l'enseignement religieux qui est dû à l'enfance. L'histoire sainte et l'Evangile, où est racontée la vie de
Notre-Seigneur Jésus-Christ, sont donc des livres
élémentaires, aussi indispensables que le catéchisme. Ces premières connaissances historiques
devront se développer rapidement, comme le de--
mande d'ailleurs la juste curiosité de l'adolescent.
Elles comprendront bientôt, avec des vues générales sur l'histoire de l'humanité et de la civilisation chrétienne, l'histoire particulière de l'Eglise
catholique et l'histoire nationale. Il serait dérai-
sonnable, autant que pernicieux, de faire commencer l'histoire à la Révolution française ou bien
à la Renaissance.

Il est vrai que le champ de l'histoire est immense
après vingt siècles de christianisme et les travaux
admirables de nos érudits. Mais il suffit d'en prendre une connaissance générale, sans qu'il soit
nécessaire de le parcourir tout entier. Ce qui est
indispensable à tout chrétien et à tout Français,
c'est d'avoir une idée juste de l'histoire de
l'Eglise et de l'histoire de la France. Cette connaissance élémentaire et néanmoins assez complète
résultera de l'étude de quelque bon manuel, expliqué par des maîtres compétents. Et puis, il est

facile de tirer bon parti de la juste curiosité des adolescents, en choisissant, pour leurs lectures, des biographies de personnages illustres, qui prirent une grande part aux événements de leur époque et qui, parfois, la dominèrent. Toute l'histoire de l'Eglise et de la France peut se résumer ainsi, d'une manière dramatique, dans une série de monographies, bien faites et bien assorties, où l'on voit les héros et les saints, les grands savants et les grands capitaines, les artistes et les inventeurs, tous les défenseurs du droit et les bienfaiteurs de l'humanité collaborer à la même œuvre de civilisation. A ce point de vue, les bibliothèques populaires et, en particulier, les bibliothèques paroissiales peuvent rendre les plus grands services. Mais leur action sera nulle ou même pernicieuse, si l'histoire devient un mensonge, une trahison de la vérité.

Il faut donc que les maîtres de l'enseignement, les historiens et les érudits, à qui cette tâche incombe spécialement, conservent, défendent et transmettent la vérité historique, nécessaire à la société. Ils doivent la rétablir avec persévérance toutes les fois qu'elle a été déformée par les passions humaines. Leur tâche est peut-être modeste, mais il n'en est pas de plus indispensable dans l'Eglise, comme dans la société civile. Car l'altération de la vérité historique devient bien vite une aberration de la foi religieuse et une altération du patriotisme.

CHAPITRE IV

Les sciences philosophiques.

Elles n'offrent pas moins de variété que les sciences précédentes. La philosophie, en effet, comprend la logique, la métaphysique et la morale. Avec la logique, elle est la science des idées et du monde intelligible, l'art de raisonner et de démontrer, la science de la science ou épistémologie. Il lui appartient de composer le système des sciences, de faire la synthèse des connaissances humaines, d'organiser les matériaux de l'Encyclopédie. Avec la métaphysique, elle est la science des réalités supérieures ou fondamentales ; elle traite tour à tour de la nature, de l'âme et de Dieu. Avec la morale enfin, elle traite de l'éthique et du droit naturel, de la fin dernière et du bonheur, des fondements des mœurs, des devoirs et des droits qui sont les liens essentiels de toute société.

Chacune de ces trois sciences fondamentales est universelle, pour ainsi dire ; car il y a des idées de tout ; rien n'existe en dehors des réalités ; et le règne des fins n'est pas moins étendu que celui des idées et des réalités. Chacune de ces trois sciences peut revendiquer ainsi une certaine autonomie en tant qu'elle a des principes qui lui sont propres et qui sont évidents par eux-mêmes. Mais elles n'en sont pas moins liées essentiellement entre elles et à cause de leur universalité même : leurs principes sont solidaires et aucune d'elles ne peut se constituer sans engager les autres ou sans s'y appuyer. Telle sera la logique et telle sera la métaphysique, telle aussi sera la morale : une morale absolue suppose une métaphysique absolue et, en particulier, une théodicée et une psychologie spiritualiste. La métaphysique, à son tour, suppose que certaines de nos idées ont une valeur absolue. Et c'est ainsi que toute question importante en philosophie engage de près ou de loin la philosophie tout entière. Telle est, par exemple, la question de l'origine des idées ; telle encore celle de la distinction des sens et de l'intelligence, celle des fondements de la morale et du droit.

Unies entre elles essentiellement, les sciences philosophiques communiquent ensuite avec toutes les branches du savoir, qu'elles ramènent à une véritable unité, comme l'exigent l'unité même de la raison et celle de la vérité. C'est ainsi qu'il y a une philosophie des sciences, de l'art, de l'éducation, etc. Il y a surtout une philosophie religieuse. La théologie est toute pénétrée par la philosophie, qui démontre l'existence de Dieu, explique par des analogies et des comparaisons les vérités révélées, les démontre même, si elles sont à la portée de la raison, les défend contre toutes les objections. On a vu comment l'apologétique devient surtout une science philosophique. La philosophie scolastique dissout toutes les fausses religions, qui ne peuvent résister à sa critique, tandis qu'elle forme, avec la religion véritable et, partant, avec la théologie, une union indissoluble. Il y a ainsi une philosophie religieuse et même une philosophie catholique.

Non moins remarquables sont les rapports de la philosophie et de l'histoire. Il y a une philosophie de l'histoire, à laquelle il appartient de réunir en faisceau toutes les histoires particulières et les principales vérités historiques, pour en tirer les conclusions suprêmes. On remarquera ici les rapports particuliers que la philosophie soutient avec sa propre histoire. Elle s'en éclaire sans en dépendre autrement. Elle s'en éclaire, car l'homme est un être social, et l'homme ne jouit de toutes les ressources de sa raison que par la société. Dès l'origine, les hommes ont raisonné et philosophé, et la raison ne peut affecter d'ignorer les traditions, sans s'affaiblir elle-même. Il y a donc une philosophie traditionnelle, celle qui s'éclaire des traditions, pour choisir et continuer les meilleures. La philosophie n'en est pas moins fondée sur l'évidence rationnelle. Le philosophe juge donc de l'opinion de ses devanciers : il est bon qu'il la connaisse, mais il lui appartient de l'éprouver à son tour, pour l'adopter ou pour la combattre. Aussi, l'argument d'autorité est-il le plus faible en matière philosophique. Bien différents sont les rapports de la théologie avec sa propre histoire.

Si nous passons maintenant aux sciences suivantes, nous voyons qu'elles sont mieux liées encore avec la philosophie que ne le sont la théologie et l'histoire. Les sciences sociales, en effet, sont des sciences subalternes de la philosophie et, en particulier, de la morale, qui leur fournit leurs premiers principes. Le droit positif, sous toutes ses formes, est fondé sur le droit naturel ou la morale naturelle, dont il est une détermination ou une application plus ou moins heureuse. La politique et l'économie politique sont de même inséparables de la morale et du droit naturel ; car les intérêts les plus chers doivent toujours s'accorder avec la justice et ne jamais prévaloir contre elle.

A leur tour, les lettres sont subordonnées à la philosophie et spécialement à la logique. Celle-ci est la science des idées, l'art de penser et de démontrer. Or, les lettres consistent dans la science et dans l'art d'exprimer la pensée et les sentiments par l'écriture qui, elle-même, incarne la parole, ce signe merveilleux de la pensée et ce lien primordial de la société.

Moins étroits sont les liens qui unissent la philosophie avec les sciences mathématiques et physiques. Ces sciences, en effet, sont indépendantes ; leur objet n'a rien de commun avec les sciences morales. Néanmoins, les sciences expérimentales n'induisent les lois qui leur sont propres qu'au moyen des principes absolus de la métaphysique. Ces mêmes principes absolus sont supposés par les sciences mathématiques, qui ne peuvent les remplacer. Les objets des sciences mathématiques et physiques supposent toujours des réalités plus profondes, sans lesquelles ces sciences seraient vaines et illusoires. Elles trouvent donc leur complément naturel et nécessaire dans la philosophie.

Celle-ci est plus indispensable encore à la biologie et aux sciences médicales. Car la biologie se borne à l'étude des fonctions organiques ; la nature de la vie lui échappe. La vie, à ses différents degrés, chez l'animal et chez l'homme, est l'objet de la psychologie. Il n'est donc pas permis au biologiste d'ignorer cette science. Le médecin doit en outre s'éclairer des lumières de la morale. La philosophie et, en particulier, la philosophie chrétienne, enveloppe ainsi toutes les sciences de la nature.

Elle s'étend de même aux beaux-arts. Sous le nom d'esthétique ou de philosophie de l'art, elle définit les conditions du beau, qu'elle place entre le vrai et le bien, parmi les réalités supérieures. Elle traite des facultés esthétiques, qui permettent à l'intelligence de percevoir les beautés sensibles et d'en faire la critique. Dans l'enseignement et l'éducation, la part de la philosophie est plus remarquable encore, comme on le verra dans les pages suivantes (chap. x). Bref, la philosophie n'est étrangère à aucune des connaissances humaines.

Il faut montrer maintenant comment la philosophie ancienne, loin d'avoir été diminuée par le développement extraordinaire des sciences et l'apparition de la théologie sacrée, s'en est trouvée, au contraire, agrandie et fortifiée. Remarquons d'abord combien est injuste la prétention des positivistes, qui regardent toutes les sciences comme des démembrements successifs de la philosophie, qui, elle-même, ne mériterait pas le nom de science. C'est ainsi que l'astronomie, la physique, la chimie, la biologie, en se constituant sur les principes qui leur sont propres, auraient diminué d'autant la philosophie, reléguée de plus en plus dans le domaine des hypothèses, voire même des chimères. La science, dite positive, supplanterait ainsi la philosophie tout entière.

Mais rien n'est plus faux ni plus humiliant pour l'esprit humain que cette doctrine. Le champ des spéculations philosophiques n'est pas limité par la création et la multiplication des sciences nouvelles.

Tout au contraire, ses limites sont reculées indéfiniment par les découvertes nouvelles. L'esprit philosophique se porte avec ardeur sur ces mondes nouveaux, offerts à sa curiosité. Avant leur création, ces sciences nouvelles n'existaient qu'en germe, dans le génie humain, mis en présence des merveilles et des problèmes de la nature, que lui offrait le Créateur. Alors, ces sciences, qui s'efforçaient d'éclore, inspiraient moins le philosophe qu'ils ne l'exposaient à de fâcheux préjugés. Aujourd'hui la lumière s'est faite sur beaucoup de points obscurs, en sorte que la philosophie de la nature, avec la philosophie des sciences, a pris une ampleur que les anciens n'avaient pas soupçonnée.

D'ailleurs, il est un domaine immense, absolument propre à la philosophie : les sciences mathématiques et physiques ne peuvent l'usurper, ni même l'aborder. Ce domaine est celui des essences, des natures, des vérités et des réalités éternelles. Dans ce domaine, l'esprit humain se connaît lui-même et il rencontre Dieu, son Créateur et sa fin dernière. Il voit dans la nature immense un reflet des grandeurs divines et il suit, dans l'histoire prodigieuses des sociétés humaines, le développement des mêmes pensées et des mêmes passions qui le tourmentent lui-même. Libre ensuite aux scientistes de se murer dans le cachot d'une science purement expérimentale. Leur science nous appartient aussi bien qu'à eux-mêmes et nous jouissons, en outre, des lumières de la philosophie chrétienne.

Mais précisément, nous disent d'autres adversaires, la philosophie, en devenant chrétienne, a été dépossédée par la théologie, qui en a fait l'une de ses dépendances. Toute sa partie supérieure, avec la métaphysique et la morale, est entrée ainsi dans les sciences théologiques, tandis que, d'autre part, les sciences de la nature la privaient du reste de son domaine. Entre la théologie et les sciences dites positives, il n'y aurait donc plus de place pour elle.

Mais la vérité est tout le contraire de cette seconde erreur, comme de la première. De même que la philosophie a été agrandie par la multiplication des sciences nouvelles, de même aussi et mieux encore elle a été agrandie et fortifiée par la promulgation de la foi catholique et l'apparition de la théologie. Plus heureuse qu'au temps de Socrate, de Platon et d'Aristote, la philosophie, devenue chrétienne, est avertie, inspirée par la révélation évangélique ; elle est préservée d'erreurs très graves, dans lesquelles sont tombés de puissants esprits. Sa liberté et sa légitime indépendance n'en souffrent point ; car elle reste fondée sur l'évidence rationnelle. A son tour, elle défend les justes croyances religieuses et rend d'éminents services à la théologie, qui ne peut se constituer qu'avec son concours.

Son domaine ne s'en étend pas moins à toutes les vérités naturelles confirmées par la révélation ; et il lui appartient, en outre, d'expliquer de quelque manière les vérités surnaturelles qui s'y ajoutent. Elle est ainsi invitée à discuter et à résoudre certains problèmes que la plupart des philosophes anciens n'avaient pas même soupçonnés, concernant, par exemple, la distinction de la nature et de la personne, celle de l'essence et de l'existence, la transsubstantiation, la possibilité, pour un corps, d'être en plusieurs lieux. La philosophie n'est donc pas diminuée par les sciences théologiques, non plus que par le développement des sciences de la nature. Elle demeure au centre des connaissances divines et humaines; elle communique avec toutes et il est dans son rôle de les unifier dans une même synthèse.

Il suffit d'ajouter ici qu'une science de cette importance est nécessaire à tous les esprits. Elle s'impose dès l'enfance, avec l'étude du catéchisme, qui doit réunir les premiers éléments de la philosophie avec ceux de la théologie. La philosophie doit se développer ensuite avec les autres connaissances, et il n'en est pas qui contribuent mieux à la formation intellectuelle et morale. Mais on entrevoit déjà les dangers que font courir aux esprits et à la société entière des philosophies fausses, qui ébranlent les fondements de la morale et ceux de la foi. (V. le chapitre sur l'enseignement.)

CHAPITRE V

Les sciences sociales : droit positif, politique et économie politique.

Les sciences sociales sont subordonnées à la morale et au droit naturel, dont elles tiennent leurs premiers principes. Les positivistes tentent vainement de déduire ces sciences, qu'ils comprennent sous le nom de *sociologie*, de l'histoire même des sociétés. C'est la même erreur matérialiste qu'on retrouve dans l'hypothèse d'après laquelle les lois morales et sociales se ramèneraient aux lois de la psycho-physique et de la biologie.

Le droit positif, avec tout l'ensemble des lois humaines qui règlent les rapports mutuels des hommes vivant en société, supposent nécessairement le droit naturel et les lois de la conscience. Cette loi naturelle a été imposée par le Créateur à la nature humaine, par le fait qu'il l'a dotée du privilège de la raison. Toutes les créatures sont dirigées vers leur fin par la Providence, qui a donné à chacune les principes d'action que comporte son espèce. C'est ainsi que l'animal est dirigé par son instinct, tandis que l'homme, créature supérieure, est dirigé par sa raison ; et celle-ci, quand elle n'est pas obscurcie par les préjugés et les passions, promulgue dans la conscience la loi naturelle, qui est résumée dans le Décalogue. C'est là qu'il faut chercher la base du droit positif et de toutes les lois humaines.

Ces lois, en effet, ne peuvent que confirmer ou déterminer et appliquer le droit naturel, selon que l'exigent ou le comportent les temps et les circonstances infiniment variables. Ces lois peuvent être justes et obligatoires tout en étant plus ou moins bien adaptées ; mais elles sont nulles et, partant, elles ne sont que des contraintes, si elles contredisent la loi naturelle et le droit, qui en est l'effet immédiat. Avant donc toutes les lois humaines, qui déterminent les rapports légaux et réciproques des membres de la société, il y a une loi naturelle et imprescriptible. Cette loi règle les rapports essentiels de l'homme avec son Créateur et avec ses semblables. Cette loi fonde la famille, avec les devoirs et les droits réciproques des parents et des enfants. Elle fonde le droit de propriété et le droit pour chaque personne d'être respectée dans sa vie, dans ses mœurs et dans ses biens. A ce droit naturel s'ajoute encore le droit chrétien, promulgué dans l'Evangile. Ces droits supérieurs doivent être connus des législateurs, des juristes, des magistrats et autres dépositaires du pouvoir. Ils doivent se souvenir que tout pouvoir vient de Dieu et que la souveraineté d'une assemblée politique ou d'un Etat a nécessairement des limites, aussi bien que celles d'un monarque, qui serait d'ailleurs indépendant de toute constitution écrite.

Mais on voit aussitôt à quels abus de pouvoir, à quelles injustices et à quels désordres est exposée une société par la méconnaissances de ces principes du droit. Ni la liberté individuelle, ni le droit des familles, ni le droit de propriété, ni les mœurs publiques ne seront protégés comme ils doivent l'être, et la société oscillera entre un étatisme insatiable et un libéralisme non moins oppresseur.

A la science du droit succède naturellement la science ou l'art politique. La politique, en effet, se sert des lois, dont l'ensemble constitue la législation d'un pays, pour obtenir sa fin propre, qui est le bien public, le bonheur de la société. Comme le droit positif ou légal lui-même, la politique est donc fondée sur la morale et le droit naturel. C'est d'autant plus nécessaire que le bien public ou le bonheur social qui est la fin de la politique, est essentiellement d'ordre moral. La société ne peut trouver le bonheur et sa perfection que dans la paix, l'harmonie des classes, le respect de tous les droits et la pratique de tous les devoirs. L'ordre public et le bien-être général résultent ainsi de la pratique des vertus sociales. C'est vers ce but excellent que la politique doit faire converger toutes les forces dont elle dispose, quelle que soit, d'ailleurs, la forme du gouvernement.

A la politique intérieure s'ajoute la politique extérieure. Ces deux politiques sont aujourd'hui inséparables, depuis qu'une sorte de solidarité économique et morale a lié les nations et les Etats les uns avec les autres. Or, la politique extérieure est fondée sur la morale et le droit naturel aussi bien que la politique intérieure. Avant tout droit international positif résultant de traités justement consentis, il y a un droit naturel qui lie entre elles les diverses sociétés et contre lequel aucune convention humaine ne peut prescrire. Les païens eux-mêmes ne l'ont pas ignoré. Ils regardaient comme sacré le droit des gens, sorte de code évidemment dicté par le droit naturel. Les nations chrétiennes y ont ajouté le droit chrétien, aux meilleures époques de leur histoire. Malgré les abominables excès commis pendant la dernière guerre, ces droits subsistent et il faut les faire respecter.

Il appartient donc à la politique extérieure d'entretenir des rapports avec les Etats étrangers et de préparer des accords et des traités également avantageux pour les deux parties. Elle doit être servie, à cet effet, par une diplomatie aussi honnête que prudente et habile, incapable de tromper et de se laisser tromper. C'est en multipliant entre les Etats ces bons rapports fondés sur la loyauté et l'estime réciproque, sur le respect absolu du droit naturel et du droit chrétien, qu'on rendra possible une véritable société des nations, une nouvelle chrétienté. Elle apaiserait bien des différends internationaux et, sans léser la souveraineté d'aucun Etat, elle préviendrait la plupart des guerres injustes. Si la guerre devait éclater encore, elle n'aurait pas ces caractères abominables qui ont rendu la grande guerre si exécrable.

De même que la politique se sert au dehors de la diplomatie et de l'art de la guerre, pour conserver la paix ou la rétablir, de même elle se sert, au dedans, de la science économique, pour assurer à tous les membres de la société un bien-être suffisant. La science économique ou l'économie politique relève essentiellement de la morale et du droit naturel, comme les autres sciences sociales. Il est vrai qu'elle s'applique à des richesses ou à des utilités qui sont d'ordre matériel et que son but n'est moral que d'une manière indirecte. Mais, si l'on considère que les richesses et autres utilités sont produites surtout par le travail, qui est un acte humain, si l'on considère que la répartition des richesses doit être faite selon les règles de la justice, si l'on considère que la consommation des richesses est soumise aux lois de la tempérance, si l'on considère enfin qu'un certain bien-être matériel est nécessaire à la pratique des vertus sociales, on ne doutera pas du caractère moral de l'économie politique. C'est une science subalterne de la morale et du droit naturel, comme le droit positif et la politique. Beaucoup de questions agitées par les économistes le sont également par les moralistes, voire même par les casuistes. Telles sont les questions du juste prix, du juste salaire, du salaire familial, du prêt à intérêt, du contrat collectif du travail.

L'économiste doit connaître, en outre, les conditions nouvelles dans lesquelles vivent les sociétés contemporaines, par suite des découvertes scientifiques et des transformations du commerce et des industries. Mais l'économie politique ne devient point pour cela une science naturelle, n'ayant pour objet que des lois naturelles, comme la physique ou la chimie : elle reste toujours, et mieux encore, si c'est possible, une science morale et sociale, comme le droit et la politique. Elle est même appelée à monter plus haut. Car, de même qu'il y a un droit chrétien et une politique chrétienne, il y a aussi une économie politique chrétienne.

Si ces vérités étaient généralement comprises, la société serait préservée des maux les plus grands. On ne verrait pas une législation injuste combattre les principes du droit naturel, au lieu de les protéger, concernant, par exemple, l'enseignement religieux et l'éducation, la constitution de la famille, la liberté de l'Eglise et des congrégations, la pro-

tection des bonnes mœurs contre les écrits licen-
cieux et autres scandales. Dans les relations inter-
nationales, la politique et la diplomatie seraient
toujours au service de la justice et du droit, sans
négliger aucun intérêt légitime ; et si quelque Etat
puissant, comptant sur la prépondérance de la
force, entreprenait une guerre odieuse, il trouverait
ligués contre lui tous les autres Etats. Enfin, l'ordre
économique ne serait pas exposé à des boulever-
sements, qui supposent la méconnaissance générale, pour ainsi dire, des lois de la justice et de la
probité. Au lieu de chercher à s'enrichir par le jeu
et par la fraude, en abusant de la loi de l'offre et
de la demande, en profitant de l'ignorance ou de
la nécessité où se trouve l'acheteur, chacun ne pré-
tendrait qu'au droit que lui valent son travail et sa
coopération au bien public. Et ainsi l'ordre économique rentrerait dans l'ordre moral, d'où il ne
devrait jamais sortir.

CHAPITRE VI

Les lettres.

Elle est très vaste, la république des lettres. Il
y entre déjà l'enfant qui est initié aux éléments de
la grammaire. Elle lui apprendra à parler et à écrire
correctement. Aux leçons de grammaire succéde-

ront les leçons de style et d'éloquence, s'il doit recevoir une certaine culture littéraire. Il écrira en vers et en prose. Il apprendra le latin et le grec, ces langues mères des langues romanes et, en particulier, du français. A elle seule, la linguistique est un champ immense, exploité de toutes manières par la philologie et les sciences annexes, telles que la morphologie, la phonétique, la sémantique.

Les lettres comprennent donc les sciences les plus érudites et les arts les plus subtils. Quel art plus subtil et plus souple que celui de l'écrivain qui s'exerce tour à tour dans la fable, le roman, l'histoire, le drame et autres pièces de théâtre, la revue et le journal quotidien ! Il n'est point d'art au-dessus de la poésie et de l'éloquence. Les belles-lettres communiquent ainsi avec les beaux-arts, qui enchantent les sens avant d'enchanter l'esprit.

D'autre part, il n'est pas de science plus austère par elle-même, ni de plus exigeante au point de vue de l'érudition, que certaines connaissances qui appartiennent cependant au domaine des lettres. Telles sont l'épigraphie, la lecture et l'interprétation des plus anciens monuments de la pensée humaine, la restauration de langues disparues, que parlèrent les peuples civilisés de l'Egypte et de la Chaldée. Même la bibliographie qui se borne aux manuscrits et aux imprimés est aussi austère qu'elle est inépuisable. La plupart de ces connaissances communiquent étroitement avec l'histoire et en sont même regardées comme des dépendances, mais elles ne perdent pas pour cela le caractère qui leur est propre et qui les assemble en un même groupe, malgré leur diversité. Toutes, en effet, expriment des idées, une pensée, et relèvent ainsi de la philosophie, en particulier de la logique.

Les rapports des lettres avec les idées et la vie de l'esprit sont tels qu'on ne peut en concevoir de plus étroits. En grammaire, par exemple, les termes généraux signifient des idées abstraites, qui sont les éléments indispensables de la pensée ; les propositions signifient les jugements ; et le raisonnement, qui associe des jugements, est le lien vivant qui réunit un ensemble de propositions dans un même discours. Et parce que le langage exprime non seulement la marche du raisonnement, mais encore tous les mouvements de l'âme, ses désirs, ses passions, ses sentiments les plus nobles et les plus délicats, il s'ensuit que rien d'humain n'est étranger aux lettres ni surtout aux belles-lettres. Elles sont le miroir de l'âme, et la littérature d'un peuple ou d'une époque de l'histoire est l'image fidèle de ce peuple ou de cette époque.

Si l'on considère que les pensées et les sentiments n'ont pas d'expression plus adéquate que la parole et, après elle, l'écriture, on comprendra que les lettres pénètrent au cœur même de la philosophie. Sans doute, cette pénétration s'accomplit sans confusion possible ; car les lettres ont pour objet propre l'expression même de la pensée, tandis que la philosophie a pour objet la pensée et les réalités supérieures que la pensée envisage. Mais l'homme de lettres ne sera parfaitement le maître des expressions et de la langue dont il se sert que s'il connaît bien les sens plus ou moins subtils de ces expressions et l'âme même de cette langue. Et ceci montre que l'art de l'écrivain suppose, avec la logique, une psychologie, une morale, la philosophie tout entière. Malheureusement, ce savoir peut être incomplet, mêlé à beaucoup d'erreurs, et l'homme de lettres est capable d'en abuser non moins que le philosophe lui-même.

On voit maintenant comment il y a une philosophie des lettres et mieux encore, une philosophie du langage. Comme le philologue mais d'un point de vue supérieur, le philosophe peut étudier le langage dans ses origines, dans ses éléments, dans ses formes et ses développements, en un mot dans sa vie, à travers des idiomes innombrables. La question de l'origine du langage est même toute philosophique. L'âme du langage humain, en effet, est dans les idées intellectuelles et universelles, dont s'occupe expressément la philosophie.

On ne peut donc supposer que le langage humain est né graduellement d'un langage instinctif, n'exprimant que des sensations particulières, tel que le langage dont paraissent pourvus les animaux et qui accompagne chez l'homme le langage articulé. Le langage prouve seulement que nos premières idées viennent des sens, puisque les racines des mots expriment généralement quelque chose de sensible. Mais, comme d'autre part les idées universelles débordent les choses sensibles, d'où elles ont pris naissance, il paraît bien que le langage humain doit être attribué à la raison et à son Créateur, plutôt qu'à une évolution graduelle de la sensibilité et de l'instinct. C'est d'autant plus nécessaire que les mots fondamentaux des langues sont ceux qui signifient précisément les idées les plus générales, les plus abstraites, celles qui montrent le mieux que la raison tranche absolument sur la sensibilité. Peu importe ensuite que des peuples dépourvus d'une culture suffisante n'aient pas vu ou ne voient pas encore la valeur philosophique du langage humain. L'homme ne perd pas sa nature ni sa raison, quand il en ignore ou méconnaît la dignité.

Le langage humain s'est développé ou modifié de mille manières, comme le comportaient les idées et la raison dont il est l'expression. Alors que le langage instinctif de l'animal reste le même pour

chaque espèce, dans l'état de nature, le langage
humain a varié comme les mœurs, les habitudes,
les arts, la religion. De là, des milliers d'idiomes,
depuis les plus barbares jusqu'aux langues les
plus riches des peuples civilisés.

C'est ici que la philologie et la sémantique nous
aident merveilleusement à suivre, à travers les
langues et les mots, l'évolution de la pensée. On
voit comment la raison, tout en partant du sensible et sans jamais rompre les communications
avec lui, s'élève facilement du sensible à l'intelligible, comment elle se porte instantanément d'un
objet à un autre, souvent le plus disparate, par voie
de contraste ou d'opposition, ou bien par voie de
ressemblance et d'analogie, par voie d'extension
ou de restriction. Or, dans cette course vertigineuse
ou folle, les mots et le discours suivent si obsti-
nément l'esprit, marquent si exactement tous ses
détours, se moulent si bien sur lui qu'on est tenté
finalement de confondre la pensée elle-même avec
son expression verbale ou imaginaire.

C'est surtout dans les langues les plus riches,
parlées et écrites par les peuples les plus civilisés,
qu'il convient d'observer cette collaboration per-
pétuelle de la pensée et de la parole. Une étude
même superficielle suffit à convaincre que la littérature d'un peuple est le miroir de son âme. Il s'y
peint tout entier, quoique d'une autre manière que

dans son histoire. D'ailleurs, l'histoire et les lettres sont si bien associées qu'on ne peut les séparer.

Mais l'étude de la littérature aussi bien que celle de l'histoire, est inépuisable ; et même, elle reste toujours sujette à revision. Or, il est une autre manière non moins philosophique de découvrir l'âme d'une langue et d'un peuple qui a parlé cette langue. Cette manière consiste à faire l'analyse de tous les éléments de cette langue, à dégager toutes les idées que le génie de ce peuple a mises en œuvre ou qu'il est parvenu à concevoir très nettement, après de longues années d'expérience et de civilisation. Ces éléments et ces idées, à la fois principes de la raison commune et résultats qu'elle a obtenus, sont évidemment contenus dans le trésor du vocabulaire. Il suffirait donc d'organiser le vocabulaire logiquement, c'est-à-dire d'après les exigences des définitions elles-mêmes, sans en supprimer aucune, sans les appauvrir, sans les fausser, sans rien y ajouter arbitrairement. On construirait ainsi la synthèse des vérités acquises par un peuple tout entier et dont il a vécu longuement. Et si ce peuple est chrétien, s'il a brillé au premier rang par son génie et par ses œuvres, on justifierait une fois encore la foi catholique et l'on verrait se dessiner le plan d'une Encyclopédie chrétienne, riche de toutes les acquisitions de la science contemporaine.

Quoi qu'il en soit de ces vues particulières sur la philosophie du langage, l'importance des lettres est extrême, et l'influence qu'elles exercent dans une société cultivée comme la nôtre est sans mesure. Chaque jour, les orateurs politiques et autres dans les assemblées, les écrivains, les romanciers, les auteurs dramatiques, les journalistes agissent puissamment sur l'opinion publique et sur les mœurs. La presse est devenue toute-puissante et l'on ne peut s'en défendre qu'en lui opposant les moyens mêmes dont elle se sert. D'où l'on voit aussitôt la nécessité d'une parole éloquente et chrétienne dans les assemblées, la nécessité du bon livre, du bon journal, de la bonne revue au foyer. Toutes les familles doivent comprendre cette nécessité et leur devoir dans une société qui ne veut pas périr. De leur côté, les hommes de lettres, quelle que soit la spécialité de leur talent, doivent se souvenir qu'ils exercent un véritable ministère, qu'on a pu comparer au sacerdoce. Leur parole et leur plume, comme l'épée des anciens chevaliers, doivent être consacrées au service de la vérité et du droit.

CHAPITRE VII

Les sciences mathématiques et les sciences physiques.

Les mathématiques tranchent sur les sciences précédentes ; car elles sont de leur nature étrangères à la morale. Leur objet propre, c'est la quantité, accident fondamental des corps. La quantité est continue ou discontinue. La première est l'objet de la géométrie, qui traite des lignes, des plans, des figures, des volumes et de leur mesure. La seconde est l'objet de l'arithmétique,qui traite des nombres et de leurs rapports. Le calcul et, en particulier, le calcul algébrique s'applique indifféremment à toute sorte de quantités et à leurs rapports.

L'objet des mathématiques est réel ; car on ne peut douter de l'existence des corps et de leur extension ou quantité. Mais il est vrai que cette quantité (figures géométriques et nombres) est conçue abstraitement et imaginée avec une exactitude absolue, qui n'est peut-être pas donnée dans la nature. Cela n'empêche pas cependant que les grandeurs et leurs rapports nous soient connus et soient mesurés avec une exactitude suffisante. Il arrive même que cette mesure par approximation peut être poussée au-delà de toute limite assignable ; ainsi en est-il pour le rapport de la circonférence avec le diamètre.

L'objet des mathématiques est donc aussi réel
que celui de la métaphysique, quoique les vérités
de la mathématique appliquée ne soient données
que par approximation, tandis que les vérités de
la métaphysique sont purement et simplement
absolues. D'ailleurs, les vérités des mathématiques
prises dans l'ordre abstrait, sont également absolues : il est absolument vrai, par exemple, que dix
multiplié par dix égale cent.

Il n'est donc pas injuste de qualifier les mathématiques de « sciences exactes », d'autant mieux
que les résultats du calcul mathématique sont
sujets de leur nature à une vérification sensible.
Cela tient à l'objet même des mathématiques, qui
est la quantité, accident sensible des corps.

Bornée ainsi au sensible et, en particulier, à la
quantité, la mathématique n'échappe pas à une
certaine relativité. « Le grand et le petit sont dits
relativement », remarquait déjà Platon. Et, de fait,
la quantité, avec toutes les grandeurs qui en découlent, espace, mouvement, temps, qui se mesurent
réciproquement, ne sortent pas du cercle infranchissable qui est la relativité, si bien que les mêmes
objets nous paraissent tour à tour énormes et insignifiants. Il faut donc sortir du monde sensible et
du monde de l'imagination, il faut faire appel à la

métaphysique, pour trouver les réalités supérieures ou profondes qui échappent à toute mesure proprement dite et qui sont susceptibles d'une grandeur vraiment absolue.

Les positivistes ont attribué aux mathématiques un rôle qui n'est pas le leur. Elles seraient, d'après eux, la base du savoir humain. Sur cette base, s'édifieraient successivement les sciences physiques, la chimie, la biologie, la sociologie, d'où naîtraient toutes les sciences sociales et tous les arts. Taine a parlé de l' « axiome éternel », d'où procéderait l'univers, à tous ses degrés. Mais outre qu'il est absurde de supposer qu'un principe mathématique, quelque général qu'il soit, puisse être la cause de quelque réalité, la Pensée qu'il faut reconnaître à l'origine de toutes choses est nécessairement une Pensée subsistante, un Etre souverainement intelligent et puissant.

Mais on s'explique que certains philosophes, en exagérant le rôle des mathématiques, en soient venus à soutenir que l'esprit humain ne perçoit que des relations, que l'absolu nous échappe et que tout est relatif. On s'explique aussi qu'on ait tenté de ramener la logique philosophique à la logique des mathématiques, alors que celle-ci n'est qu'une détermination et une application particulière de celle-là. Comment la logique philosophique pourrait-elle rentrer dans la logique des mathématiques, alors qu'elle a pour objet principal des idées universelles et des réalités métaphysiques, tandis que la logique des mathématiques ne peut s'exercer que sur des quantités, des nombres, des grandeurs et leurs relations? Entre l'ordre mathématique et l'ordre philosophique des idées et des essences, il y a de profondes analogies, mais il n'y a pas d'identité.

On voit aussi l'erreur qui consiste à vouloir soumettre toutes les démonstrations à la forme géométrique. Ce mathématisme suppose une méconnaissance de la métaphysique. Il est vrai seulement que les démonstrations métaphysiques sont aussi évidentes que les démonstrations géométriques, quoiqu'elles emploient d'autres procédés.

La véritable importance des mathématiques n'est donc pas celle que lui attribuent les positivistes. Elle est néanmoins très grande. Les mathématiques, ayant pour objet la quantité, qui est l'accident fondamental des corps, s'appliquent par elle aux qualités, aux actions et aux relations des corps, en sorte qu'elles s'étendent à tout l'univers matériel. Non seulement l'espace, le mouvement et le temps tombent sous la mesure et le calcul mathématique, mais encore la lumière, la chaleur, l'électricité, et, en général, toutes les énergies de la matière. De là, un commerce étroit et constant entre les mathématiques et les sciences physiques, qui ne peuvent progresser et s'emparer de leurs objets que par le calcul mathématique. Celui-ci ne s'arrête que devant la vie et les essences, qui échappent à toute quantité proprement dite. Dans le vaste domaine qui lui est assigné, il démontre admirablement que le Créateur a fait tout cet univers « dans le nombre, le poids et la mesure », et qu'il n'y a pas d'erreur dans son œuvre.

Les sciences physiques succèdent naturellement aux mathématiques, dont elles sont pratiquement inséparables. Elles s'en distinguent néanmoins nettement par leur objet et par les principes qui leur sont propres. Elles ont pour objet, en effet, les qualités et autres accidents qui s'ajoutent à la quantité ; et les principes qui leur sont propres sont des principes induits, qui font abstraction seulement des individualités sensibles, pour retenir les genres, les espèces et autres réalités communes aux êtres matériels. L'étendue et la complexité des sciences physiques répondent à l'étendue et à la complexité de leurs objets, qui varient à l'infini et ne se présentent guère isolément. Il s'ensuit qu'elles paraissent facilement empiéter les unes sur les autres sans pour cela se confondre. Voici l'ordre dans lequel on peut présenter les principales d'entre elles, en remarquant l'importance particulière de chacune.

D'abord, sous le nom général de physique, on désigne souvent l'ensemble des sciences de la nature, c'est-à-dire la connaissance des corps considérés dans leurs qualités, leurs actions, leurs états, etc. Plus spécialement, la physique a pour objet certaines qualités sensibles, telles que le son (acoustique), la lumière (optique), la chaleur, l'électricité, etc. Ces qualités agissent par des mouvements, des vibrations ou ondulations sonores, lumineuses, électriques. L'importance du mouvement est telle, dans la nature, où rien ne se fait sans lui, que plusieurs ont voulu réduire toutes les réalités sensibles à des mouvements

Le son, la lumière, l'électricité, etc., ne seraient que des ondulations ou des vibrations plus ou moins subtiles. Mais, outre les mouvements en acte, il y a les mouvements en puissance ; il y a des énergies, des forces, des qualités actives, qui supposent elles-mêmes des réalités substantielles. Le mécanisme est donc insuffisant sans le dynamisme. Ensuite, il serait arbitraire de supposer que toutes les forces de la nature se réduisent à des forces motrices. On est mieux fondé à supposer que les forces purement physiques offrent déjà une certaine variété, en attendant que les forces vitales et supérieures s'y ajoutent.

Laissant maintenant de côté toute controverse philosophique et ne considérant que le mouvement local, dont la science moderne a montré l'extrême importance, il est l'objet de la mécanique. Etudiée d'une manière très abstraite, cette science paraît se confondre avec les mathématiques : ainsi la mécanique céleste. Mais la mécanique étudie les lois du mouvement quel qu'il soit, celui des sphères célestes et celui des machines dans nos usines, dans les ateliers, sur les vaisseaux et sur les chemins de fer. Elle calcule le jeu des mécanismes les plus subtils et les plus exacts, tel que celui des chronomètres, aussi bien que celui des moteurs les plus puissants. Les applications de la mécanique se sont multipliées à l'infini, depuis que de nouvelles forces motrices ont été découvertes, et l'industrie moderne en a été transformée.

De la mécanique céleste est inséparable l'astronomie, avec la cosmographie, qui est sa partie descriptive. L'astronomie est la connaissance des astres, de leurs mouvements et de leur disposition dans le ciel. Elle a progressé au-delà de tout ce que les anciens ont imaginé, à ce point que la terre où nous habitons, déjà si vaste et si profonde, nous apparaît comme un atome plongé dans un cosmos incommensurable. C'est alors que l'homme, si petit par son corps dans le temps et dans l'espace, doit se relever par l'adoration du Créateur, infiniment puissant et infiniment bon, et par la considération de la valeur absolue de la pensée vraie et de la conscience droite.

A la cosmographie, qui décrit le ciel et en dresse même une carte, qui peut-être un jour sera complète, grâce à la puissance de nos télescopes, succèdent naturellement la météorologie, qui traite des météores, et la géographie, qui est la description de la surface de la terre. Celle-ci est comme le théâtre où vivent et se succèdent les générations humaines, depuis le commencement du monde. Il n'est donc pas étonnant que la géographie soit associée étroitement avec l'histoire. On distingue ainsi, outre la géographie physique d'un pays, sa géographie politique, industrielle, commerciale, etc. Le pays est étudié avec la flore et la faune qui lui sont propres, ses ressources minières, fluviales, agricoles, les peuples qui l'habitèrent et surent tirer parti de ses richesses. De là une certaine « géographie humaine », qui est moins une science nouvelle qu'un groupement nouveau de sciences distinctes et très différentes.

A la géographie succède la géologie, qui a pour objet la formation du globe terrestre, la composition et la disposition des différentes couches de terrain, depuis les granits les plus profonds jusqu'à la surface. Les géologues essaient d'esquisser l'histoire de notre planète, pendant la série des siècles qui précédèrent l'apparition de l'homme. Cette histoire naturelle est bien différente de l'histoire proprement dite, qui est fondée sur les témoignages humains. Le géologue explique, pour ainsi dire, les témoignages rendus par les vestiges qu'ont laissés les révolutions du globe terrestre. Il remarque, en particulier, les fossiles de la flore et de la faune des âges écoulés depuis les espèces les plus inférieures jusqu'aux mammifères et à l'homme lui-même, le dernier venu des êtres vivants. La paléontologie fait ainsi communiquer la géologie avec la botanique et la zoologie.

La minéralogie appartient encore à la géologie et prépare la chimie. Celle-ci a pour objet la matière considérée dans ses états (solide, liquide, gazeux), dans ses éléments, dans leurs composés. Elle étudie donc les corps simples ou supposés tels, parce qu'ils ont résisté jusqu'ici à l'analyse, et les combinaisons avec les mélanges variés à l'infini, dans lesquels ils peuvent entrer. De là, de nouvelles espèces de corps, outre celles que la nature nous fournit. Ce n'est pas que la chimie atteigne la nature même des corps ou leur essence, qui est l'objet de la philosophie ; mais elle atteint et compose leurs éléments sensibles. A plus forte raison, la nature de la vie lui échappe ; elle ne peut même reconstituer l'organisme, ni reproduire les fonctions d'aucun être vivant.

Le domaine de la chimie, de même que celui de la physique, s'est agrandi prodigieusement dans ces derniers temps. De nouvelles industries sont créées. Les anciennes sont renouvelées. Malheureusement, ces sciences, par la malice des hommes, sont devenues plus redoutables et destructives pendant la guerre qu'elles ne sont utiles en temps de paix.

CHAPITRE VIII

Les sciences biologiques. Histoire naturelle des plantes et des animaux : Botanique et Zoologie. — Les sciences médicales.

La biologie tranche sur les sciences précédentes ; car la vie même la plus inférieure, ne peut être l'effet des forces physiques et chimiques. Tout vivant vient d'un vivant : *Omne vivens ex ovo ;* et les travaux de Pasteur ont montré que les faits sur lesquels on s'appuyait, pour supposer la génération spontanée de microbes du règne végétal ou du règne animal, avaient été mal observés.

Les principales sciences biologiques sont l'anatomie et la physiologie. L'anatomie traite de la structure, de l'organisme des êtres vivants. La physiologie traite des fonctions organiques, soit chez les animaux, soit dans les plantes. En se pla-

çant plus près de la réalité, et en ayant égard aux
degrés de la vie, on distingue la botanique et la
zoologie, dont traite l'histoire naturelle des plantes et des animaux. La biologie s'étend ainsi sur
les deux règnes vivants qui lui offrent une matière
inépuisable. Rien de vivant, en effet, n'est étranger à l'anatomie et à la physiologie comparées. De
leur côté, la botanique et la zoologie embrassent
ces mêmes règnes vivants ; elles s'appliquent surtout à décrire et à classer les espèces et les variétés,
d'après différentes méthodes, naturelles ou artificielles.

Le champ est si vaste que les botanistes et les
zoologistes restreignent d'ordinaire leurs études
à quelques familles ou même à quelques espèces,
celles-là surtout qui sont le plus utiles à l'homme.
Car c'est du règne végétal et du règne animal que
l'humanité tire toute sa nourriture et la plupart
des autres richesses indispensables. Les animaux
domestiques et les troupeaux sont l'objet d'un soin
particulier. De là le dressage, auquel on soumet certaines espèces, et l'art pastoral, qui ont leur place
au 3ᵉ embranchement, *de la culture*. De là encore
l'hippiatrie et, en général, l'art vétérinaire, qui
sont des connaissances physiologiques et zoolo-
giques.

L'homme lui-même est, par son corps, une espèce
zoologique ; il rentre ainsi dans l'objet de la biolo-

gie (anatomie et physiologie). Mais, par son âme, qui est une substance spirituelle, il constitue, à lui seul, un règne tout entier, le règne ou genre humain, supérieur aux autres règnes vivants. De là, l'importance des sciences médicales, qui méritent de former un groupe distinct. Avant d'en parler, il faut nous expliquer sur les limites de la biologie.

La biologie, science naturelle de la vie, chez les plantes et les animaux, n'a pas précisément pour objet l'essence de la vie ou le premier principe de l'action vitale, qui n'est autre que la forme substantielle de l'être vivant. L'essence de la vie, comme les autres essences, est l'objet de la philosophie. Celle-ci distingue les degrés essentiels de la vie, depuis la plante jusquà Dieu. Au plus bas degré, la plante se meut elle-même de manière à se nourrir, à croître et à se multiplier ; elle atteint une fin, mais sans la connaître. A un degré supérieur, l'animal se meut, en connaissant de quelque manière sa fin et en l'atteignant par l'instinct qui lui est propre. Plus haut encore, et incomparablement mieux, l'homme connaît sa fin comme telle, qui est le bonheur, et il l'atteint par l'exercice de la liberté et la pratique de la vertu. Mais ni l'homme, ni aucun être fini n'est absolument le principe de son mouvement et de sa vie. L'intelligence de l'homme, en particulier, est mue par la vérité, et sa volonté est attirée par le bien, qui s'impose à lui. Dieu seul se suffit. Il est la Vie parfaite et subsistante.

Revenant maintenant aux degrés inférieurs de la vie, nous voyons que la vie de la plante et la vie sensible de l'animal sont organiques, c'est-à-dire qu'elles s'exercent par des organes, et que la biologie, science naturelle, n'a prise que sur les fonctions organiques. Là sont les limites précises de la biologie et de la physiologie, qui est la partie principale de la biologie. Il est vrai que le biologiste est intéressé à étudier la vie intellectuelle et morale qui se développe au-dessus de la vie organique, avec laquelle elle est étroitement liée ; mais alors il fait œuvre de psychologue et non pas seulement de biologiste. La psycho-physiologie peut ainsi être entendue comme une étude parallèle de psychologie et de physiologie. Quant à faire rentrer la psychologie dans la physiologie, il n'y faut pas songer : pareille confusion entraînerait le matérialisme. Il y a donc abus de langage à vouloir désigner sous le nom de « biologie humaine », la vie supérieure qui est propre à l'homme. D'aucune manière ensuite on ne peut soutenir que la morale sociale trouve un fondement positif et suffisant dans la biologie humaine.

A moins de fausser la notion de la biologie, science naturelle de la vie organique, on ne peut

la regarder comme une science psychologique. Le
naturaliste qui étudie les mœurs des animaux,
image frappante des mœurs humaines, l'entomo-
logiste qui observe les instincts des abeilles et des
fourmis, un Fabre qui surprend les secrets des
êtres les plus chétifs sont de véritables philosophes ;
ils pratiquent tout au moins la psychologie comparée. Cette union de la biologie avec la psychologie
et les autres sciences supérieures est plus évidente
encore dans les sciences médicales.

Autour de la médecine, se groupent des sciences
et des arts très variés, qui tous ont pour but la
conservation ou le rétablissement de la santé,
minée par la maladie, quand ce n'est pas de parer
à quelque autre mal dont souffre le corps humain.
C'est ainsi que l'hygiène, la thérapeutique, la
chirurgie, l'orthopédie, la gynécologie sont également des sciences médicales. La médecine elle-
même est surtout l'art de guérir. Elle exige d'abord
la connaissance de l'anatomie et de la physiologie
humaines, avec les différences que comportent le
sexe, l'âge, les constitutions et les tempéraments
particuliers. Le médecin doit connaître, en outre,
les diverses maladies, les signes qui permettent de
les distinguer et les remèdes propres à les guérir.

Les remèdes sont empruntés aux différents règnes de la nature et ils rentrent dans l'objet de la pharmaceutique, science auxiliaire de la médecine. La physique et la chimie, qui fournissent tant de remèdes, la botanique, qui compte un si grand nombre de plantes officinales, deviennent ainsi des auxiliaires de la médecine.

Son domaine s'est tellement agrandi, à mesure que les misères humaines se sont multipliées, qu'elle tend de plus en plus à se spécialiser. Parmi les hommes de l'art, les uns traitent surtout les maladies nerveuses ; d'autres, les maladies du système digestif ; d'autres encore, les maladies des yeux, etc. La chirurgie tend de même à se spécialiser, depuis surtout qu'elle a merveilleusement progressé, par suite des découvertes des antiseptiques et des anesthésiques. C'est ainsi que la chirurgie dentaire constitue à elle seule une branche distincte et importante de l'art médical.

Jusqu'ici, cependant, nous n'avons signalé que les connaissances naturelles qui constituent la médecine ou qui lui sont nécessaires. Or, il en est d'autres, bien supérieures, dont le médecin ne peut se désintéresser sans faillir à son devoir : ce sont les connaissances psychologiques, morales et religieuses. Sans doute, la médecine n'est par elle-même qu'une branche de la zoologie, une science naturelle du corps humain ; elle n'est pas une science subalterne de la morale, comme le droit, la politique et l'économie politique. Il n'y a donc pas à proprement parler, de médecine chrétienne, de même qu'il n'y a pas de mathématique ni de physique chrétienne, tandis qu'il y a un droit chrétien, une politique chrétienne et une économie politique chrétienne. Mais le corps humain qui est confié aux soins du médecin est uni substantiellement à une âme spirituelle et immortelle, chrétienne ou appelée à le devenir. Le médecin est donc en face d'une personne. De là ses devoirs professionnels. Il y a une déontologie qui s'impose à sa conscience, mieux encore que certaines prescriptions de l'autorité civile, connues sous le nom de médecine légale.

Il faut remarquer, en outre, que le corps humain, soumis à son traitement médical, ne laisse pas de subir constamment l'influence toujours puissante de l'âme qui l'anime : influence des facultés supérieures, intellectuelles et morales, qui tour à tour, alimentent une joie et une paix vivifiantes ou bien une tristesse mortelle ; influence des passions, souvent vives et désordonnées ; influence des habitudes, bonnes ou mauvaises, des vices et des vertus. Le médecin doit donc être un psychologue. Il peut devenir le bienfaiteur de ses clients et des familles qui lui donnent leur confiance, s'il joint à ses connaissances médicales l'art du moraliste et la charité du chrétien. Sa profession, en effet, aussi bien que celle des infirmiers et des infirmières, qui sont ses auxiliaires, est apparentée étroitement à la charité chrétienne.

On voit dès lors l'importance sociale et le mérite exceptionnel de la profession médicale. Elle doit être comptée parmi celles qui contribuent le plus efficacement au bien-être et à la prospérité de la société. On voit aussi trop facilement comment elle peut être ravalée et déshonorée par de bas intérêts et des tendances matérialistes. Obligé d'étudier la vie physiologique jusque dans ses détails les plus humiliants, le médecin est exposé à méconnaître la réalité de l'esprit et la valeur de l'âme. Alors un empirisme médical, non moins ignorant que téméraire, se dresse contre la morale et cherche même à justifier les vices les plus honteux et des pratiques criminelles. La vraie science médicale condamne ces abus mortels pour les familles et pour les sociétés. Elle s'accorde toujours avec la morale chrétienne ; car il n'y a pas de vérité contre la vérité. Elle montre que le vice et les passions désordonnées, altèrent, de leur nature, la santé du corps et lui infligent des stigmates et des tares héréditaires, alors que les bonnes mœurs et la vertu n'exercent qu'une influence heureuse sur la santé individuelle, de même que sur la vigueur de la race et sa fécondité.

CHAPITRE IX

Les beaux-arts et les arts de la lutte
(2ᵉ embranchement).

Le deuxième embranchement des connaissances comprend celles qui ont pour objet le beau sensible, et tout d'abord les beaux-arts.

Les beaux-arts offrent une matière très riche à la philosophie de l'art ou esthétique. Il appartient à la philosophie de l'art d'établir que le beau est objectif, comme le vrai et le bien, entre lesquels il se place naturellement. Et s'il s'agit du beau sensible, la philosophie montre qu'il consiste dans un certain ordre, dans de justes proportions et un ensemble de qualités qui invitent l'esprit à monter plus haut et à prendre son essor vers les beautés intellectuelles et même surnaturelles. Les facultés esthétiques ne créent donc pas leur objet, ou du moins, si elles paraissent créatrices, c'est en s'inspirant des objets réels et en se soumettant aux règles objectives du vrai et du bien. Il faut convenir ensuite que le beau sensible varie jusqu'à un certain point, selon les éléments qu'on emploie et leur expression particulière. De là bien des variétés constatées par l'histoire des beaux-arts : elles tiennent aux coutumes, aux temps, aux caractères des différents peuples ; elles ne changent point la nature de la beauté elle-même. La philosophie montre encore que l'art n'est pas absolument sa fin à lui-même et que toute beauté sensible qui offense la beauté morale, beauté suprême, pèche contre elle-même.

En considérant maintenant les beaux-arts proprement dits, on voit qu'ils se distinguent naturellement comme les sens auxquels ils s'adressent. La plupart d'entre eux s'adressent à la vue; ce sont : l'architecture, la sculpture, la peinture et le dessin, qui est leur élément commun et comme leur âme, tout en restant un art distinct. Dans ces arts principaux rentrent plusieurs arts particuliers, tels que ceux du mosaïste, de l'émailleur, du peintre verrier. Vient ensuite la musique, qui s'adresse à l'ouïe et dont les œuvres ne sont pas moins admirables ni moins variées que celles des arts précédents. La musique comprend l'art du compositeur, l'art du chanteur et l'art de l'instrumentiste, variable comme les instruments eux-mêmes.

De la musique à l'art du théâtre la transition est naturelle. Ici s'affirme l'affinité exceptionnelle des beaux-arts avec les belles-lettres. Les chef-d'œuvre d'un Corneille, d'un Racine honorent également le théâtre français et les lettres françaises. Au théâtre on peut rapporter la danse, qui ne laisse pas d'être un art, malgré ses abus. Au théâtre encore on peut rapporter certaines manifestations esthétiques des sentiments d'un peuple, telles que processions et cérémonies religieuses ou civiles, revues militaires, etc. Mais ici, nous touchons aux arts de la lutte, qui forment un autre groupe. Avant de le décrire, il faut présenter quelques considérations sur les arts précédents.

L'architecture mérite la première place, à certains égards. Car ses œuvres sont les plus durables et les plus importantes, en même temps qu'elles caractérisent très bien un peuple ou une époque. Dans les monuments qu'elle élève, les chefs-d'œuvre des autres arts trouvent leur place marquée ; elle est hospitalière et, sans jalousie, elle fait valoir leur beauté propre, au risque de détourner de la sienne l'attention publique. Elle offre le même abri somptueux à l'éloquence, à la musique, au déploiement des cérémonies religieuses. Le mérite particulier de l'architecture, c'est de produire des œuvres qui ne trouvent pas de modèle dans la nature. Néanmoins, l'architecte ne s'affranchit point de la nature ; il reste toujours à son école, en écoutant attentivement ses suggestions, en utilisant les matériaux qu'elle lui prodigue, en imitant la symétrie, la mesure, les belles proportions dont elle lui donne tant d'exemples. Car il y a de l'architecture non seulement dans les monuments élevés par la main de l'homme, mais encore dans toutes les œuvres de l'Artiste supérieur, dont nos artistes et nos artisans ne sont que les imitateurs.

Le sculpteur et le peintre trouvent donc des modèles innombrables dans la nature. Mais il leur appartient d'interpréter ces modèles, de les animer de leur propre pensée et d'en faire ainsi des œuvres nouvelles et originales. La sculpture a, sur la peinture, l'avantage du relief, le relief est plein dans la statuaire. La statue garde toutes ses lignes et toute sa forme extérieure, en sorte qu'on peut la considérer indifféremment de divers côtés. Rien de tel pour l'image peinte. De plus, si la matière de la statue résiste à la morsure du temps, comme il arrive souvent, l'œuvre de l'artiste qui l'a sculptée partage la même immortalité. Mais la peinture, malgré sa fragilité, plus apparente que réelle, reprend l'avantage de plusieurs manières. Elle fascine le regard par la magie des couleurs ; elle met dans les yeux l'illusion du relief et de l'espace, qu'elle distribue en différents plans, depuis le premier qui semble à la portée de la main, jusqu'à celui qui ferme l'horizon. Tout ce que l'homme peut voir ou imaginer, au ciel et sur la terre, tous les spectacles offerts par la nature et la société, le peintre peut les faire vivre sous son pinceau et les représenter.

Moins séduisant que les arts précédents, le dessin n'en est pas moins leur support commun : il leur est indispensable. Il est également nécessaire à un grand nombre d'industries. Au dessin on peut rapporter la calligraphie et même l'art de l'imprimerie. D'ailleurs, entre l'art et l'industrie, de même qu'entre le beau et l'utile, la transition est facile, sans qu'il en résulte aucune confusion. Tel ouvrier, qui façonne le bois ou l'argile, est un véritable artiste, parce qu'il donne à ses œuvres un certain caractère d'élégance ; tel artiste, au contraire, qui manie le pinceau ou le ciseau, ne parvient pas toujours à faire œuvre d'art. L'art et l'industrie s'opposent donc ou s'unissent tour à tour, sans laisser jamais d'être distincts.

La musique tranche sur tous les arts qui s'adressent aux yeux. Elle utilise également la voix humaine et la voix infiniment variée des instruments ; mais elle s'adresse toujours à l'ouïe. Par là, elle ressemble et s'associe naturellement à la parole, qu'elle prolonge et amplifie, pour ainsi dire. Cette alliance naturelle de la musique avec la parole est évidente déjà dans la déclamation et surtout dans la poésie. A l'origine, les poèmes étaient chantés et ils étaient divisés en chants. Comme la parole et souvent mieux qu'elle, la musique éveille et surexcite tous les sentiments de l'âme. Elle est néanmoins absolument inférieure à la parole, qui éveille les sentiments par la pensée, qui les dirige, tandis que la musique ne provoque par elle-même que des sentiments équivoques, susceptibles des directions les plus contraires. De là vient, par exemple, que le même air peut s'adapter également à des cantiques ou à des chansons qui n'ont rien de commun quant à l'esprit et au sens des paroles.

Les danses, le théâtre, les cérémonies et autres spectacles ou manifestations esthétiques s'adressent à la vue plutôt qu'à l'ouïe ; mais la musique y prend d'ordinaire une grande part. Les abus auxquels elle participe sont trop évidents. Ces abus, si graves soient-ils, n'empêchent point cependant les beaux-arts de s'honorer et de se grandir singulièrement, en se consacrant au service de la religion. Il suffit de rappeler ici le rôle de la musique sacrée, les chefs-d'œuvre du théâtre chrétien et, en général, l'histoire des arts religieux.

Le christianisme n'a cessé d'inspirer les beaux-arts et de les attirer vers un idéal toujours plus haut, vers un idéal divin. Il a fourni, en particulier, à la peinture, à la sculpture, au théâtre, les sujets les plus beaux, les plus émouvants, les plus sublimes, empruntés à l'histoire de sa vie héroïque, à la vie de Jésus, de la Vierge et des Saints. Les arts ont ainsi, à leur manière, honoré et même justifié l'Eglise, qui, en retour, les a glorifiés.

**

Aux arts précédents, dont le caractère est pacifique, succèdent naturellement les arts de la lutte, dont le caractère est plutôt belliqueux. Même quand ils s'exercent de la manière la plus tranquille, comme il arrive dans le jeu de dames et des échecs, il supposent un combat, une rivalité, une lutte et finalement une défaite à éviter et une victoire à remporter. Il suffira ici de remarquer les principaux d'entre eux, depuis la simple lutte de l'athlète, jusqu'à l'art de la guerre, qui jette les uns contre les autres des millions d'hommes dans un effroyable conflit.

L'athlétisme fut en honneur chez les Grecs, dans le même temps que les sculpteurs de génie s'appliquaient à reproduire les plus belles formes et les plus nobles attitudes du corps humain. Athlètes et poètes accouraient aux jeux Olympiques, pour y remporter des prix également enviés, et les seconds, tels que Pindare, ne dédaignaient pas de chanter la victoire des premiers et la gloire de la petite patrie qui leur avait donné naissance. Saint Paul lui-même a comparé la vie militante du chrétien à celle de l'athlète et du coureur, qui se préparent, par des exercices persévérants, à remporter le prix.

Aux jeux célébrés par les Grecs ou pratiqués journellement dans la palestre ont succédé aujourd'hui les exercices de gymnastique, qui ont leur place dans l'éducation physique, et le sport aux mille formes : course à pied ou à cheval, en char, en automobile, en vélocipède, en avion. Citons aussi : la natation, que les Romains pratiquaient à l'envi et qui est trop négligée de nos jours ; le canotage, les régates, les joutes nautiques, imitation des tournois du moyen âge. D'autres exercices, tels que les courses de taureaux, le pugilat ou la boxe, rappellent les jeux sanglants du Cirque et ne méritent que la réprobation.

Si variés et si contraires que soient les jeux, ils sont tous essentiellement une lutte. On lutte de vitesse ou de force et d'adresse : ainsi les coureurs, les acrobates, les jongleurs du moyen âge ; ainsi encore les joueurs de boules et de billard. La lutte devient même un exercice de l'esprit, au détriment de l'exercice corporel : ainsi dans le jeu d'échecs, les jeux de cartes si variés. Dans ces derniers, en particulier, la victoire, avec le gain qui peut s'y ajouter, est abandonnée plus ou moins au hasard, comme il arrive dans les paris et les spéculations de bourse. C'est alors que le jeu devient une passion mauvaise, l'un des fléaux de la société.

Plus utiles et bien différentes sont la pêche et la chasse, qui conservent cependant le caractère essentiel de la lutte et du jeu. Elles deviennent facilement de véritables industries. Plusieurs peuples anciens ont vécu principalement de pêche et de chasse. Aujourd'hui encore la chasse et surtout la pêche fournissent à l'alimentation publique une part importante.

Entre la chasse et la guerre l'analogie est frappante et la transition n'a été que trop facile. Les grands guerriers ont été d'abord de grands chasseurs, et l'on sait que la féodalité militaire s'était réservé le droit de chasse, comme si la chasse était un apprentissage de la guerre. Les chevaliers cherchaient aussi à se distinguer dans les tournois, véritables écoles de guerre. De tout temps, pour ainsi dire, on s'est exercé, dans les armées surtout, au tir, à l'escrime, etc., dont les duellistes ont si souvent abusé. Les exercices et les manœuvres militaires ont varié beaucoup avec les armes et autres moyens de destruction, inventés par la science. Aujourd'hui, l'art de la guerre, qui ne consiste pas seulement dans la stratégie et la tactique, dispose de toutes ces ressources terribles. Les industries elles-mêmes ont été militarisées et des nations entières se sont dressées les unes contre les autres, dans la lutte la plus universelle et la plus barbare que le monde ait connue. On peut se demander s'il y a encore une beauté dans un pareil conflit, si criminel chez ceux qui l'ont déchaîné. Oui, il y a la beauté sublime et effrayante de la tempête, du cataclysme, qui brise une flotte contre les rochers ou détruit des cités entières ; il y a surtout la sublimité du sacrifice des héros, qui meurent pour la défense de la justice et du droit.

CHAPITRE X

La culture : éducation, art pastoral, agriculture.
(3ᵉ Embranchement).

Ce qu'il y a de particulier dans la culture, qu'elle qu'elle soit d'ailleurs, c'est de perfectionner les personnes ou les choses auxquelles elle s'applique : elle les rend bonnes ou meilleures. Par là, elle se distingue nettement de tous les autres arts et de toutes les sciences avec lesquelles elle est unie d'ailleurs de la manière la plus étroite.

La culture s'applique d'abord à l'homme et surtout à la jeunesse, par l'enseignement et l'éducation. L'enseignement développe l'esprit par l'instruction, et l'éducation développe non seulement l'esprit, mais encore toutes les facultés physiques et morales.

L'éducation intellectuelle est, à beaucoup d'égards, la plus importante, car l'homme ne s'élève et ne se perfectionne comme tel qu'autant que sa

raison est instruite des vérités qui lui sont nécessaires ou utiles. De là, le rôle exceptionnel de l'instruction et le caractère particulier de l'enseignement, à ses divers degrés. Il y a d'abord une instruction élémentaire, que l'enfant doit recevoir
dans la famille et à l'école primaire. Si l'on y prend
garde, on s'apercevra que cette instruction est déjà
universelle de quelque manière. Car l'enfant doit
apprendre bientôt les vérités les plus essentielles
de la religion et de la morale, les principaux devoirs
de l'homme et ses droits d'enfant de Dieu : c'est
là, en effet, l'objet même du catéchisme. Il doit
apprendre à lire et à écrire, à compter et à calculer ;
et ce sont là les premiers éléments des lettres et des
sciences. Il apprend à chanter, à dessiner, à jouer
peut-être de quelque instrument, à remplir un rôle
dans une pièce de théâtre ou à déclamer quelques
morceaux de littérature ; il s'adonne à toutes
sortes de jeux et d'exercices que comportent son
âge et ses forces croissantes et le voilà initié aux
beaux-arts et aux arts de la lutte.

Dans le même temps, il doit ne pas ignorer complètement l'histoire sainte, l'histoire de l'Eglise,
l'histoire de son pays, la répartition des différents
peuples à la surface du globe. Le grand livre de la
nature est ouvert devant lui, provoquant sa curiosité, et il faut commencer à le lui expliquer. Tout
ce qu'il voit et tout ce qu'il entend dans la famille,

dans le milieu où il vit, lui suggère des idées sur l'ordre économique et social, l'industrie et le commerce, le travail et les rapports mutuels des classes de la société.

Il faut donc que son esprit soit dirigé et averti, dès qu'il commence à s'éveiller. La famille est la première école, et l'art de l'éducation devrait s'y transmettre de génération en génération, comme les autres traditions familiales. Cet art pédagogique n'exige pas alors une grande science, mais il demande, avec un grand sens pratique, un amour aussi éclairé que sensible, fait de douceur et de juste fermeté.

Les maîtres qui continueront ensuite l'œuvre de la famille, s'ils ne doivent pas, en outre, suppléer à son insuffisance, devront unir l'art de l'éducation à l'art de l'enseignement. Celui-ci est déjà bien différent de la science que le maître fait profession d'enseigner. Par la science, il n'a cultivé que son propre esprit ; par l'enseignement, il doit cultiver l'esprit de ses élèves ou de ses disciples. L'art de l'éducation diffère beaucoup plus encore de la science sur laquelle il s'appuie néanmoins nécessairement. L'enseignement donne une certaine formation intellectuelle, disons plutôt une certaine instruction, dont il est possible d'abuser. Il est même des enseignements qui corrompent autant qu'ils instruisent, parce qu'ils manquent de leur condiment moral et religieux. L'éducation, si elle est bonne et complète, forme l'homme tout entier, et cette formation complète ne va pas sans une certaine formation intellectuelle, qui est indispensable, sans être suffisante.

On voit maintenant l'erreur de ceux qui prétendent que l'enseignement suffit à élever les mœurs d'un peuple. « Ouvrir une école, disaient-ils, c'est fermer une prison. » Les faits leur ont donné le démenti le plus affligeant, alors surtout que l'enseignement donné dans les nouvelles écoles était neutre, voire même irréligieux. On a déjà observé que les connaissances théologiques et philosophiques élémentaires, celles-là même du catéchisme, sont nécessaires à tous les membres de la société. Il faut, en outre, que la jeunesse soit formée à la vie morale et religieuse, par de bons exemples, par une sage discipline, par toutes les bonnes habitudes dont elle est susceptible. Il faut qu'elle apprenne à obéir, à prier, à se complaire dans le devoir accompli. Au lieu de céder à un égoïsme trop naturel et au seul attrait du plaisir, il faut qu'elle apprenne à aimer véritablement la famille, les proches, les compatriotes que Dieu lui a donnés, et Dieu lui-même par dessus tout. Bref, il faut développer les germes de toutes les vertus individuelles, familiales, sociales et étouffer tous les germes de vice que la nature déchue porte avec elle. Cette culture morale est de tous les âges et chacun doit se cultiver, de même qu'il doit s'instruire, jusqu'à la fin de sa vie. Mais elle doit être prodiguée à l'enfance et à la jeunesse ; elle leur est due strictement, et c'est pécher contre Dieu et la société que de chercher à l'en priver.

Outre l'éducation intellectuelle et l'éducation morale, il y a l'éducation physique, qui n'est pas négligeable, certes. Le corps, avec tous ses organes, merveilleusement associés, est l'instrument indispensable dont l'âme se sert pour agir au dehors et même pour penser. On doit donc, autant qu'il est possible, mettre au service de l'âme un corps sain, vigoureux, dont les facultés soient bien équilibrées, et qui épargne à l'esprit qui s'en sert les servitudes et les impuissances de la maladie et des infirmités. C'est un avantage souverain ici-bas d'avoir une âme saine dans un corps sain. Aussi, l'Eglise demande-t-elle souvent à Dieu pour ses fidèles cette double santé de l'âme et du corps.

Or, cette santé corporelle, si précieuse, est favorisée et protégée par la santé spirituelle, qui est l'un de ses principes les plus efficaces. La vertu, en effet, règle toutes les passions, qu'elle empêche de troubler l'organisme ; elle maintient entre toutes les facultés un juste équilibre, si favorable à la santé. Le vice, au contraire, avec l'intempérance, sous toutes ses formes, déchaîne les passions, aussi violentes souvent, qu'elles sont variables. Celles-ci multiplient les maladies, engendrent des infirmités, abrègent la vie, la tarissent dans sa source et paralysent l'essor de l'esprit lui-même. Le vice, en définitive, est toujours condamné par l'hygiène, tandis que l'hygiène et la vertu sont naturellement d'accord.

Mais l'hygiène ne suffit pas. L'éducateur doit veiller, en particulier, au développement physique de l'enfant et du jeune homme. De là, l'utilité, sinon même la nécessité, au moins dans bien des cas, des exercices gymnastiques et de sport. Ils varient à l'infini, de même que les jeux proprement dits, également nécessaires ; et il appartient à l'éducateur de les adapter à l'âge, au sexe, à la constitution et au tempérament de ses élèves.

Ici, il se gardera d'un excès et d'une erreur. L'excès consiste à sacrifier la formation intellectuelle et morale aux exercices physiques. Outre que ceux-ci, pratiqués sans modération, nuisent à la santé plutôt qu'ils ne la fortifient et l'exposent à de nombreux dangers, ils dégoûtent trop souvent du travail intellectuel et de la discipline morale. Au lieu d'être pour l'esprit un bon serviteur, le corps s'en affranchit, il l'opprime même pour mieux vivre de sa vie sensible et toute passionnelle.

On évitera cet excès à la condition de ne pas commettre l'erreur de penser que l'éducation physique est à elle-même sa fin. Non, il n'est pas vrai que l'éducation physique de l'homme, qu'on la nomme *puériculture* ou *viriculture*, ait pour but principal de former un animal parfait dans son genre et, comme on l'a dit, « un bel animal ». Mais l'éducation physique doit toujours être donnée en vue de la formation intellectuelle et morale ; il faut ne jamais oublier que le corps doit être l'auxiliaire de l'esprit et d'une âme appelée à pratiquer toutes les vertus. Penser autrement, ce serait confondre l'éducation de l'homme avec le dressage et l'élevage de l'animal sans raison.

Et nous voici arrivés, en effet, à la culture de l'animal. Elle est très variée, comme la nature des animaux que l'homme prend à son service ou utilise pour ses besoins. Au premier rang est l'art pastoral, exercé dès l'origine de l'humanité. Abel le juste, était pasteur. Jésus-Christ a emprunté à l'art pastoral les paraboles les plus touchantes. Les troupeaux fournissent à l'homme non seulement la laine dont il se couvre, mais encore le lait et la chair dont il se nourrit.

Beaucoup d'autres animaux ont été domestiqués et assujettis ainsi au service de l'homme. Il a dressé le chien et mis à profit son merveilleux instinct pour la garde des troupeaux et du foyer, pour la découverte du gibier et sa poursuite à la chasse. Pour le labourage, le transport, les courses rapides et la guerre, il a dressé le cheval, qui est, sans exagération, l'une des plus belles conquêtes du génie humain. Il a mis le bœuf sous le joug ; il a subjugué également le chameau et l'éléphant, le plus colossal des animaux terrestres, et il les a dressés pour la guerre.

Il n'est pas d'animal, pour ainsi dire, qui ne puisse être apprivoisé, et dont l'instinct particulier, développé par le dressage, ne soit une image frappante de l'intelligence humaine, qui l'a ainsi élevé. Mais on ne peut, sans exagération, parler d'animaux savants. Entre le dressage que subissent les animaux et même l'homme et l'enfant, en tant qu'ils sont sensibles, et l'éducation proprement dite, la différence est absolue. Elle est celle des sens et de l'esprit. Le dressage modifie, plus ou moins heureusement, les facultés sensibles, tandis que l'éducation consiste essentiellement dans la formation des habitudes intellectuelles et morales.

Plus commun que le dressage, l'élevage s'étend à toutes les espèces animales susceptibles de fournir un produit utile. Il est des élevages particuliers qui méritent d'être comptés parmi les industries importantes : ainsi l'aviculture et, en particulier, l'élevage de la volaille ; la pisciculture et l'ostréiculture ; l'apiculture et la sériciculture. Un insecte éphémère, l'abeille, fournit à l'humanité, depuis des milliers d'années, l'aliment le plus doux. Un simple ver, qui vit seulement quelques semaines et se construit un palais de soie, pour y préparer sa métamorphose, fournit la matière des étoffes les plus riches. Un coquillage non moins humble, a paré les Césars de leur pourpre. D'autres animaux sont recherchés aujourd'hui et même élevés dans des parcs, pour leurs belles plumes ou leurs belles fourrures. L'élevage s'étend jusqu'aux bêtes féroces qui deviennent l'objet d'un commerce lucratif.

L'art pastoral reste bien au-dessus de ces industries particulières ; il mérite de fixer toute l'attention de l'économiste. Avec l'agriculture, il a satisfait et il satisfait encore aujourd'hui aux besoins les plus indispensables de l'humanité. Les économistes français, en particulier, devraient toujours se souvenir de cette parole de Sully : « Labourage et pastourage sont les deux mamelles de la France. »

*
* *

La culture de la terre et de tous les végétaux utiles qu'elle nourrit, est la première et la plus abondante source de la richesse. L'agriculture est à la fois un art et une industrie. Elle est une industrie, puisqu'elle produit les choses les plus utiles, les plus nécessaires à la vie. Elle est surtout un art, parce que l'agriculteur améliore et perfectionne les produits naturels du sol ; il collabore avec l'Auteur de la nature et fait siennes les œuvres admirables de la Providence.

L'agriculture a été pratiquée dès l'origine de l'humanité et même au paradis terrestre, comme on le voit par le premier chapitre de la Genèse. Elle seule permet à un peuple de se fixer au sol, en même temps qu'elle permet à la civilisation de se développer. C'est ce qui explique l'infériorité des peuples qui ont vécu surtout de pêche ou de chasse ; ils n'ont pas laissé de monuments ni écrit d'histoire. C'est ce qui explique aussi l'infériorité relative des tribus nomades, malgré les avantages particuliers de la vie pastorale.

L'agriculture varie beaucoup avec les climats, la nature du sol et celle des végétaux cultivés. Tels pays produisent abondamment le coton, le café, le cacao, etc. ; d'autres sont propres à la culture des céréales et de la vigne. Les pays les plus favorisés sont ceux qui se prêtent à une culture très variée, la *polyculture*. Celle-ci, en effet, permet à la famille rurale de produire la plupart des choses qui lui sont nécessaires, avec un certain excédent, au moyen duquel elle achète ce qui lui manque et même le superflu. Grâce à leur variété, les travaux champêtres n'ont rien de trop monotone ; ils n'excèdent ni le corps, qu'ils rendent sain et vigoureux, ni l'esprit, qu'ils rendent attentif aux leçons de la nature. Aussi, le bon sens de l'homme des champs est-il devenu proverbial. Il n'est pas une proie facile pour le socialisme, le communisme et autres utopies sociales ; il aime profondément sa famille et son foyer, et la patrie trouve toujours en lui son meilleur défenseur.

Loin de conserver ces précieux avantages, la monoculture les sacrifierait, en créant une industrie nouvelle. Il est vrai seulement que la petite culture, celle qui est pratiquée par la famille rurale sur son patrimoine, doit se développer parallèlement avec la grande culture. A cette culture savante et en progrès, la famille rurale peut d'ailleurs collaborer, en profitant de ses leçons et de ses exemples.

CHAPITRE XI

L'industrie : industrie des matières premières, du bâtiment, du meuble, du vêtement, de l'alimentation. (4ᵉ embranchement.)

L'industrie comprend tous les arts dont la fin propre est la production de quelque utilité d'ordre matériel. Les arts industriels se sont multipliés, à mesure que le génie humain s'emparait mieux de la nature et de toutes ses ressources.

C'est dire que les progrès de l'industrie répondent aux progrès des sciences physiques. Celles-ci en tant que sciences pratiques et exercées par les ingénieurs, ne cessent de présider à l'exercice et au développement de chaque industrie particulière. On le verra facilement par la description suivante des principales industries.

Viennent d'abord les industries qui produisent ou procurent les matières premières. Celles-ci sont utilisées directement ou destinées à être ouvrées par des industries plus spéciales. Viennent ensuite les industries du bâtiment et de la construction, les industries de l'ameublement et de certains objets mobiliers, les industries de l'habillement et des étoffes, enfin l'industrie de l'alimentation.

Les industries qui produisent ou procurent les matières premières, soutiennent naturellement toutes les autres. Parmi elles, les unes comprises sous le nom de métallurgie, ont pour objet les métaux : le fer, le cuivre, le zinc, le plomb, l'aluminium, etc., sans parler des métaux précieux. Le fer est de beaucoup le plus employé ; on l'utilise de toutes les manières dans les diverses industries. Mais il faut d'abord l'extraire du minerai et le travailler selon sa destination. De là les forges et d'abord les hauts-fourneaux, sans lesquels il n'est pas de grande industrie métallurgique.

Non moins nécessaires que le fer et l'acier sont les charbons, les houilles et le coke, qui en est extrait, avec d'autres éléments. De là un nouveau genre d'industries, servies dans les deux mondes par des millions de travailleurs. Une autre espèce de combustible, que notre civilisation consomme en quantités énormes et qui est fournie par la nature, c'est le pétrole. Ces matières premières sont devenues si importantes que les nations rivalisent entre elles pour se les procurer, et l'on a parlé de la politique du fer, de la politique du charbon, de la politique du pétrole, etc. D'autres matières premières, tels que la terre à porcelaine, le verre, le cristal, sont utilisés ou préparés par des industries importantes : la céramique, la poterie, la verrerie, la cristallerie, etc.

Le règne minéral fournit encore des matières premières non moins utiles que les précédentes : le marbre, le granit, la pierre à bâtir, la chaux, le ciment, le plâtre, l'ardoise, etc. Le règne végétal fournit des bois de construction et des bois d'œuvre, des textiles, la pâte à papier, etc. D'autres plantes fournissent le caoutchouc, dont l'usage est devenu si commun. Le règne animal donne des huiles, des éponges, des peaux, des perles, la laine, la soie, etc.

Ici, on peut se demander s'il ne conviendrait pas de distinguer les industries d'après les matières auxquelles elles s'appliquent. On aurait ainsi les industries du fer, du charbon, du pétrole, du coton, de la laine, de la soie, du bois, du papier, des peaux, du caoutchouc, etc. Mais il paraît préférable, après avoir signalé les industries dont l'utilité est plus générale (industries des matières premières), de distinguer les autres d'après leur fin ou leur utilité particulière. De là, les quatre groupes d'industries déjà signalés : les industries du bâtiment, du meuble, du vêtement et de l'alimentation. Ensuite, il va sans dire que les industries s'appuient les unes sur les autres, qu'elles communiquent naturellement avec la culture, le commerce, la plupart des sciences et des arts supérieurs.

****

A l'industrie du bâtiment et de l'habitation, on peut rapporter, en général, l'art de la construction, qui s'exerce d'ordinaire sous la direction d'architectes et d'ingénieurs : ingénieurs des ponts et chaussées, ingénieurs de la flotte, etc. Il n'est pas nécessaire, ni même possible, d'énumérer ici toutes les industries particulières qui contribuent à l'édification des monuments publics, des habitations particulières, des bâtiments de la marine militaire et de la marine marchande. Tous les arts et toutes les sciences, pour ainsi dire, contribuent aujourd'hui à la construction et à l'armement d'un cuirassé ou d'un paquebot transatlantique. L'art du constructeur s'étend ainsi aux machines, plus ou moins puissantes, employées sur mer ou sur terre. Il s'étend aussi à ses moyens de transport, tels que les voitures de chemin de fer, les automobiles, les ballons dirigeables, les avions, etc. Bref, ce groupe va rejoindre insensiblement le suivant.

Parmi les industries concernant l'ameublement et le meuble, en général, on peut compter les suivantes : la fabrication d'articles de voyage, tels que valises, parapluies ; la vannerie et la tonnellerie ; la poterie et la céramique, la verrerie et la cristallerie ; la fabrication des instruments des arts et métiers ; celle des instruments de musique ; celle des jeux et des jouets ; celle des armes portatives.

L'industrie du vêtement, avec ses accessoires, comprend : la filature et le tissage de la laine, du lin, du chanvre, du coton, de la soie ; la couture et la confection des articles de lingerie et des différentes pièces de l'habillement ; la broderie, la dentellerie, la tapisserie ; la fabrication des chaussures et des chapeaux, l'art du coiffeur ; la blanchisserie, etc.

L'industrie de l'alimentation, avec ses accessoires, comprend, à son tour, des spécialités nombreuses : la meunerie, la boulangerie, la pâtisserie et la confiserie ; la fabrication des pâtes alimentaires, du sucre, du chocolat ; la boucherie et la charcuterie, la préparation des conserves, la fabrication des boissons et des liqueurs : vin, cidre, bière, cognac ; l'art culinaire enfin, qui tire le meilleur parti des ressources fournies par les arts précédents et de bien d'autres encore. Peut-être faudrait-il citer ici deux industries, devenues très importantes et qui caractérisent bien notre époque : l'industrie hôtelière et l'industrie des nombreux débitants de boissons. Mais elles se rapportent mieux au commerce, dont le propre est de fournir en temps *opportun* ce qui est utile ou jugé tel (v. le chapitre suivant).

Ce qui intéresse beaucoup plus que ces détails de classification, se sont les réflexions philosophiques suggérées par l'évolution industrielle contemporaine. En voici quelques-unes.

De même que toutes les sciences, si développées aujourd'hui, sont nées de la philosophie ancienne, qui en contenait les germes, ainsi, les industries, non moins développées aujourd'hui que les sciences, sont nées des arts élémentaires pratiqués à l'origine, au foyer domestique, dans les familles patriarcales. C'est là d'abord qu'on a filé la laine, le lin, et confectionné les vêtements nécessaires, sans négliger toujours le luxe et le superflu, comme il est dit de la « femme forte », dans l'Ecriture. C'est là qu'on moulait les grains et qu'on préparait le pain avec les autres aliments. Pour se suffire, la famille devait déjà inaugurer toutes les industries, en attendant que la cité permît la division du travail, si nécessaire au progrès.

Mais cette division ne va pas sans inconvénient, ni même sans grand danger, si elle est excessive. Aujourd'hui encore, la famille ne peut, sans risquer de se dissoudre, se désintéresser des industries les plus élémentaires, comme celles de préparer les aliments de chaque jour et de réparer ou d'entretenir en bon état le mobilier et le vêtement. Il est trop évident que la vie en garni et surtout la vie à l'hôtel sont incompatibles avec la vie et l'esprit de famille.

Chose singulière, l'industrie, qui est née au foyer domestique, s'est retournée ensuite, en se développant, contre la famille, dont elle a compromis la prospérité et l'existence même. La grande industrie, en effet, en prenant une extension toujours croissante, n'a cessé de détruire les petits ateliers et de concentrer des millions de travailleurs dans les mines, les usines, les manufactures, au détriment de leur indépendance et de leur vie familiale. Les abus commis à l'origine furent énormes, et l'on n'y a pas encore remédié d'une manière suffisante. Il est évident que l'indépendance et la vie familiale des artisans et des ouvriers étaient mieux sauvegardées dans les petits ateliers que dans ces grandes agglomérations industrielles. Là, le travailleur devient comme un simple rouage dans un immense mécanisme ; il est enchaîné à la machine, dont il est le serviteur plutôt que le maître ; il est appliqué à un travail trop spécial et même trop matériel, qui déforme également son esprit et ses membres. Pour qu'il se libère, il ne lui suffit pas d'entrer dans les syndicats, qui traitent sur le pied d'égalité avec les patrons, et même les asservissent ; la lutte des classes entraînerait leur ruine commune. Que faire donc? Car la grande industrie est désormais nécessaire à notre société contemporaine. Les remèdes sont également d'ordre moral et d'ordre économique.

Il faut d'abord, il faut surtout que la morale évangélique, avec l'enseignement chrétien, pénètre tout le corps social et chacun de ses membres. Cette morale seule peut tempérer la soif des jouissances, le désir immodéré de la richesse ; elle seule peut détacher du vice, principe de désordre et de malheur, et attacher à la vertu, source de paix et de bonheur. On peut tout espérer du redressement des consciences et d'un relèvement général des vertus familiales.

Il faut ensuite mettre et maintenir en équilibre la petite et la grande industrie : la première, exercée par des artisans isolés ou aidés d'un petit nombre d'ouvriers ; la seconde, exercée par des ouvriers nombreux, sous la direction des patrons ou des ingénieurs. Il faut donc protéger l'artisanat, qui tend à disparaître ; il faut préférer les petits ateliers, toutes les fois qu'ils rendent des services égaux, sinon même supérieurs, à ceux de la grande industrie. Les mêmes réflexions s'appliquent au petit commerce, menacé lui-aussi d'être supplanté par de grandes entreprises commerciales.

Il est évident que ces grandes entreprises sont nécessaires plus que jamais dans l'état présent de la société. Mais il faut parer aux abus et aux inconvénients qu'elles entraînent souvent avec elles. C'est ici que les syndicats chrétiens peuvent rendre les plus grands services, soit en associant les patrons avec les ouvriers, les employeurs avec les employés, soit en leur permettant d'accorder leurs véritables intérêts, dans un esprit de justice et de fraternité. Leur accord sera facilité encore, si les ouvriers ou les employés deviennent propriétaires d'une partie notable des actions qui représentent le capital de l'entreprise à laquelle ils collaborent. C'est l'actionnariat, qui commence enfin à être compris et pratiqué.

Ajoutons encore que beaucoup d'industries pourraient être transportées à la campagne, où les ouvriers, pères de famille, auraient la facilité d'occuper et d'acquérir, à titre de patrimoine familial, une villa, avec jardin attenant. D'ailleurs, grâce à la facilité des communications, même les ouvriers des usines urbaines pourraient bénéficier des mêmes avantages. Ainsi leur vie, souvent très monotone et déprimante, serait embellie et fortifiée par la vie champêtre. Ils trouveraient, au foyer domestique, leur repos le plus doux et le plus agréable délassement. Il suffirait que l'élément moral et chrétien, toujours indispensable, ne fît pas défaut, et la crise de la natalité, dont souffre la France, serait conjurée.

CHAPITRE XII

Le commerce et le transport.

Le commerce a pour fin de procurer toutes choses utiles en temps *opportun*. On entend ici le commerce dans le sens le plus large, puisqu'on l'étend à toute sorte de vente. Mais ce qui en est dit s'applique surtout au commerce proprement dit dont font profession également les banquiers, les négociants et les vendeurs de toute sorte de marchandises ou de denrées.

On mesure déjà la part si grande que le commerce occupe dans notre société. Un premier groupe, le moins nombreux, mais le plus important par la richesse et l'influence sociale qu'il exerce, comprend ceux qui se livrent au commerce de l'argent : banquiers, changeurs, spéculateurs, courtiers, agioteurs.Les bourses et les banques sont nécessaires à la circulation des valeurs, sans lesquelles il n'y aurait pas de vie économique nationale, ni surtout de vie économique internationale et mondiale. Mais il est trop évident qu'elles prêtent à des abus énormes, auxquels les législateurs n'ont pas assez remédié jusqu'ici. Parmi ces abus, il faut signaler des fortunes colossales, édifiées sur l'usure et le jeu. Elles livrent à leurs possesseurs les consciences vénales et une certaine presse qui trompe le public au lieu de le servir. Un autre abus, c'est la multiplication excessive de ceux qui se livrent au commerce de l'argent ou qui sont employés par ce commerce, dans les banques de toute nature. De là un parasitisme social, qui s'ajoute à celui qui sévit dans les autres branches du commerce.

*
**

Après le commerce de l'argent, vient donc celui de toutes sortes de valeurs déterminées : immeubles et meubles. Ces valeurs sont infiniment variées, et cette variété même nous permet de réunir dans un même groupe tous les commerces spéciaux, d'autant mieux que plusieurs d'entre eux s'étendent à des genres de marchandises très différents, comme il arrive dans les bazars. Qu'il nous suffise de rappeler ici quelques-uns des commerces plus ou moins spécialisés : le commerce des immeubles, habitations et propriétés rurales ; le commerce des chevaux, etc. ; celui des voitures, automobiles, machines ; le commerce des livres, nouveaux ou anciens ; celui des objets d'art, tableaux, etc ; celui de la bijouterie et de l'orfèvrerie ; celui des meubles ; celui des laines, du coton, de la soie et autres textiles, des peaux et des fourrures ; enfin, le commerce du vêtement et celui de l'alimentation. On voit que le commerce se développe parallèlement avec tous les arts producteurs de richesses et surtout avec l'industrie ; mais, plus facilement qu'elle, il peut se généraliser et porter sur des objets plus dissemblables.

Lié avec tous les arts producteurs de richesses, le commerce n'en reste pas moins distinct. Car il ajoute à l'utilité de ces richesses l'*opportunité*. De là sa nécessité, qui n'est pas contestable, non plus que sa véritable utilité. Mais il est exposé à

des abus particuliers. Au premier rang, est le mono-
pole exercé par un commerce qui a su accaparer
la production et la vente de certaines marchandises, pour en exagérer le prix, au détriment des
acheteurs. De grandes fortunes sont ainsi créées,
qui ne sont proportionnées ni au labeur dépensé par
ceux qui les ont acquises, ni aux services qu'ils ont
rendus à la société. Ils ne peuvent invoquer en leur
faveur la loi de l'offre et de la demande ; car ils
ont abusé de l'ignorance ou de la nécessité où se
trouvaient les acheteurs qu'ils ont exploités.

Un autre abus, c'est la multiplication exagérée
des intermédiaires entre les producteurs et les
consommateurs. Alors même que chacun des marchands intermédiaires ne retirerait qu'un profit
proportionné à son labeur professionnel, l'abus
n'en existerait pas moins. On y remédie notamment
en établissant des relations directes entre des coopératives de production et des coopératives de
consommation. Néanmoins, même dans ce cas,
qui paraît le plus avantageux pour les consommateurs comme pour les producteurs, ils ne peuvent se passer des offices de certains employés ou
intermédiaires, qu'ils doivent rémunérer conve-
nablement. Le petit commerce tend ainsi à repa-
raître sous une autre forme.

Au fond, il s'agit de l'équilibrer avec le grand
commerce, de même qu'il s'agit d'équilibrer la

petite industrie avec la grande. Les inconvénients qu'entraînent le grand commerce et la grande industrie sont à peu près les mêmes, alors surtout que l'une et l'autre sont entre les mêmes mains. On y remédie de la même manière. Il faut que les artisans et les marchands au détail forment des associations professionnelles, pour se procurer les marchandises qu'ils débitent ou les matières premières dans les meilleures conditions ; en sorte qu'ils pourront satisfaire leurs clients aussi bien, sinon mieux encore, que les grands industriels et les grands magasins.

Et ainsi on retrouve toujours à l'origine des réformes sociales les associations professionnelles qui elles-mêmes, seraient insuffisantes sans l'esprit chrétien. Les associations professionnelles chrétiennes s'harmoniseraient facilement entre elles, si elles étaient représentées, par exemple, dans un Sénat corporatif, qui présiderait à la vie économique de la France.

Le commerce est servi par le transport. Mais le transport déborde le commerce proprement dit ; il s'étend également aux personnes et aux choses et même à toutes sortes de communications : postales, télégraphiques et téléphoniques. C'est ainsi que les employés des postes et télégraphes viennent à côté des cheminots, dans une synthèse des connaissances humaines.

On entrevoit déjà l'extrême variété des fonctions et des professions exigées pour le transport, tel que l'a fait la civilisation contemporaine. Les réseaux des chemins de fer français sont desservis par cinq cent mille professionnels de tout ordre et de tout rang : directeurs, ingénieurs, comptables, trésoriers, spécialistes, mécaniciens, chauffeurs, etc. Les entreprises de messageries, en particulier, les messageries maritimes et la marine marchande emploient de même un personnel nombreux et varié, soit sur les bâtiments, soit dans les ports, où les grèves sont si fréquentes. L'aviation commerciale, qui vient de naître et qui est appelée à se développer, accroîtra encore le nombre des professionnels du transport.

Il est évident que ces développements incessants du commerce et des transports entraînent des dangers, auxquels il faut parer. Ces dangers sont semblables à ceux que fait courir le développement de la grande industrie. Dans les deux cas, les mêmes moyens seront efficaces. Car il serait désastreux de suivre les conseils des socialistes et des communistes, en monopolisant entre les mains de l'Etat la grande industrie et le grand commerce, pour ne pas dire toute l'industrie et tout le commerce.

Déjà, ils ont obtenu qu'un des réseaux des chemins de fer fût possédé et administré par l'Etat. Il entrerait dans leurs vues de remettre à l'Etat tous les autres réseaux et d'étendre indéfiniment les monopoles qu'il exerce déjà, jusqu'à l'absorption complète de l'activité nationale. Le fonctionnarisme, dont nous souffrons déjà, deviendrait ainsi universel. Mais on connaît les fruits amers et empoisonnés de cet étatisme, forcément athée et immoral, qui méconnaît et outrage la liberté et les droits essentiels des individus, de la famille et de toutes les associations honnêtes et bienfaisantes.

Les vrais remèdes sont ceux qui déjà ont été signalés. Ils sont en même temps des principes très actifs de paix et de prospérité sociale. Ils consistent d'abord dans la création de syndicats ou, disons mieux, de corporations professionnelles animées de l'esprit chrétien. Ces corporations s'étendraient à la société tout entière, aux travailleurs de la pensée aussi bien qu'aux travailleurs manuels. Elles faciliteraient aux pères de famille qui n'en sont pas encore pourvus l'acquisition d'un patrimoine familial, et leur procureraient les moyens d'élever une famille nombreuse. Ces corporations seraient représentées par leurs délégués dans une Chambre législative, ie Sénat, par exemple. Ce Sénat, qui réunirait les élites particulières choisies dans toutes les professions et toutes les classes, serait l'organe le plus autorisé de la nation. Il pourrait coexister avec une Chambre qui représenterait plutôt les régions et le territoire. Mais rien ne se ferait sans lui et aucune autre institution ne serait plus apte à établir et à maintenir la paix sociale, en équilibrant tous les droits et tous les intérêts, en modérant certaines prétentions exagérées, en associant dans une parfaite justice et une véritable fraternité toutes les activités économiques. Il est peut-être inutile d'ajouter que cette union nationale serait de quelque manière à l'image de la synthèse des connaissances, où nous voyons les sciences et les arts, intimement associés, composer le savoir humain, infiniment varié et toujours croissant, reflet admirable de la sagesse divine.

SECONDE PARTIE

**La Synthèse des Connaissances chez les Grecs,
au moyen âge et dans les temps modernes.**

CHAPITRE PREMIER

*La synthèse des connaissances chez les Grecs :
Platon et Aristote.*

Les Grecs comprenaient sous le nom de philosophie ou de sagesse toutes les sciences et même la plupart des arts supérieurs. Organiser les sciences philosophiques, c'était donc, à leurs yeux, organiser les connaissances humaines ou du moins les principales d'entre elles. En effet, les arts inférieurs et les autres connaissances particulières relèvent des connaissances plus hautes, qui seules fournissent les bases d'une synthèse générale. Or, ces bases nécessaires n'ont pas échappé complètement au génie grec, malgré des tâtonnements et des incertitudes inévitables.

Instruit par tous ses devanciers et notamment par Socrate, son maître immédiat, Platon paraît avoir mesuré mieux que personne avant lui l'étendue du champ de la philosophie. Elle s'étend également à la nature extérieure, c'est-à-dire au cosmos que nous habitons, aux mœurs humaines, dont la complexité n'est pas moins remarquable que celle du monde sensible, et enfin aux idées ou monde intelligible supérieur à la nature et à l'homme lui-même. Et ce sont bien là, en effet, les trois branches essentielles de la philosophie : philosophie réelle, philosophie morale, philosophie rationnelle ou des idées. Il faudra désormais les cultiver parallèlement, sans jamais en sacrifier ni en diminuer aucune ; car la diminution ou la ruine de l'une entraînerait la ruine ou la diminution des deux autres. Et l'on remarquera que c'est pour ne pas avoir conservé ce juste équilibre que des systèmes philosophiques, avant Platon comme après, ont été faux ou insuffisants. Platon lui-même a exagéré la part qui revient au monde des idées, en paraissant regarder celles-ci comme subsistantes : il compromettait ainsi la métaphysique et la science de la nature.

Aristote corrige cette exagération. Aux idées que Platon objectivait comme des réalités subsistantes, indépendantes des choses sensibles et seuls objets de la science, il substitua les essences des choses, que l'intelligence humaine dégage et saisit par l'abstraction. Les idées nous viennent donc des choses qu'elles nous font connaître ; et ainsi le monde réel est l'objet de la physique et de la métaphysique ; il ne risque plus de se confondre avec le monde des idées qui est en nous, quoique ces deux mondes, dont l'un est l'objet, et l'autre sujet, soient intimement unis par la connaissance.

Il était réservé aux scolastiques et, en particulier, à saint Thomas, de mettre cette vérité fondamentale en pleine évidence, après de longues controverses entre les réalistes et les nominalistes. Mais Aristote l'avait déjà établie. On sait tout ce que lui doit la métaphysique générale, qu'il a distinguée nettement de la logique. Sa contribution à cette dernière science n'est pas moins remarquable, puisqu'il est l'auteur de la théorie du syllogisme, qui est sortie toute armée de son cerveau, pour ainsi dire.

On est d'autant plus étonné ensuite qu'Aristote paraisse refuser à la logique le titre de science, pour n'en faire qu'un art de raisonner et de démontrer, une sorte de propédeutique ou d'introduction à la philosophie. Saint Thomas et la plupart des scolastiques ont pensé, avec plus de raison, que la logique, pour être un art dont il est trop facile d'abuser, ne laisse pas d'être une science philosophique. Peut-être que la réserve excessive d'Aristote s'expliquerait par la crainte de paraître favorable à la théorie platonicienne des idées.

Mais, en vérité, il n'y a aucun danger de platonisme à reconnaître l'étendue et l'universalité de la logique, qui est ainsi une science philosophique de premier ordre, l'égale, à beaucoup d'égards, de la métaphysique et de la morale. La logique, en effet, est la science des idées, qui s'étendent à tout ce qui est intelligible ; elle est illimitée, comme le savoir lui-même, puisqu'elle est la science du savoir, la science de la science, l'épistémologie. Elle est par là même un art véritable, l'art de composer les idées en jugement et raisonnements, l'art de s'en servir avec méthode et esprit critique, pour la recherche et la démonstration de toutes sortes de vérités. C'est donc la démembrer injustement que d'en séparer la critériologie, par exemple, pour la rattacher à la métaphysique ou à la psychologie. Sans doute, la logique ne peut se développer qu'avec le concours des autres sciences philosophiques ; mais ces sciences, à leur tour, sont soumises à la même interdépendance, à la même nécessité. Les sciences philosophiques doivent ainsi se développer parallèlement, plutôt que l'une après l'autre, et c'est là une des preuves de leur unité essentielle.

Si Aristote a paru diminuer la logique, dont il est cependant l'un des créateurs, la cause en est peut-être dans sa division générale des connaissances. Il les ramène à trois principales : la science spéculative, la science pratique et la poétique, dans laquelle il faut voir non seulement l'art du poète, mais encore l'art en général. L'art, en effet, consiste à *faire*, à produire quelque œuvre. Mais, d'abord, le caractère pratique est extrinsèque à la science ; il ne peut donc servir de base à une division essentielle. Telle vérité qui n'était que spéculative pourra devenir pratique par le fait de circonstances nouvelles. En réalité, toute science complète est à la fois spéculative et pratique, à différents égards : ainsi en est-il de l'arithmétique, de la géométrie, de la physique, de la médecine et de la logique elle-même. Quant à l'art, il a pour objet une œuvre à faire, et non pas seulement la vérité : *Ars est ratio recta factibilium*, disent les scolastiques avec Aristote. L'art se distingue ainsi de la science, et cette distinction a été observée dans la synthèse que présente cet ouvrage. Il le fallait d'autant plus que le même art est souvent l'application de sciences nombreuses et diverses, que l'artiste ou l'artisan et l'ouvrier peuvent ignorer sans laisser, pour cela, d'exceller dans leur art particulier.

Et néanmoins, malgré cette différence et ce contraste si fréquent entre l'art et la science, il arrive souvent que l'art est inséparable de la science. Alors l'œuvre dont l'art poursuit la réalisation est une œuvre intellectuelle ou de pure imagination, qui est accomplie par l'exercice même de de la science : ainsi en est-il de l'art de l'écrivain, du poète, du logicien ; ainsi en est-il généralement des arts libéraux.

Revenons à Aristote, pour le suivre avec les scolastiques, lorsqu'il distingue trois groupes de sciences qui répondent aux trois degrés d'abstraction. De là, les sciences de la nature sensible, qui agit par des mouvements, puis les mathématiques et enfin, au plus haut degré, la science de l'être, des essences et des substances ou la métaphysique. On sait avec quelle maîtrise il a traité de cette dernière. Ses vues sur la constitution essentielle des corps, la nature de la vie organique, la classification générale des animaux, la nature humaine et la psychologie ne sont pas moins remarquables. Sans doute, il mêle à sa physique beaucoup de préjugés, dont ses successeurs seront lents à se défaire ; mais ces préjugés étaient de son temps et la plupart sont accessoires à sa philosophie. Il excelle de nouveau dans les sciences pratiques, l'éthique, la morale et la politique. Sa morale est fondée sur le souverain bien ; elle est absolue et il serait injuste de dire, avec Barthélemy Saint-Hilaire, qu'il l'a subordonnée à la politique. Il a étudié, mieux que personne avant lui, les diverses institutions sociales des cités grecques. Sa philosophie est fondée sur l'expérience, non moins que sur la raison ; il pèche même par l'empirisme, lorsqu'il accepte le fait de l'esclavage comme une institution nécessaire et naturelle. Précepteur d'Alexandre et fondateur du Lycée, il n'a rien ignoré des sciences dont la culture était réservée alors aux hommes libres, et il a laissé une œuvre encyclopédique, où les philosophes des âges suivants n'ont cessé de puiser pour s'instruire. Il est, en effet, « le maître de ceux qui savent ». Néanmoins il n'a pas tracé les lignes principales d'une synthèse de toutes les connaissances humaines. Cette conclusion est à peu près celle du R. P. Mariétan, lorsqu'il écrit : « Le problème de la classification des sciences n'a pas reçu d'Aristote une solution définitive. » (V. *le Problème de la classification des sciences d'Aristote à saint Thomas.* — V. aussi Clodius Piat, *Aristote.*)

CHAPITRE II

La synthèse des connaissances au moyen âge et dans les premiers siècles de l'ère chrétienne : saint Augustin, saint Bonaventure, saint Thomas d'Aquin.

Des vérités toutes nouvelles ont été enseignées au monde par Jésus-Christ. De cette révélation si bien appelée la *Bonne nouvelle* ou l'Evangile, est née la théologie sacrée. Cette science s'ajoute à la philosophie, qu'elle raffermit et qu'elle développe, en même temps qu'elle s'en sert ; elle enveloppe et ennoblit toutes les connaissances humaines, en les rattachant à leur premier principe et à leur dernière fin.

Elle apparaît déjà très nettement, avec ses organes essentiels, dans le Nouveau Testament et en particulier dans les Epîtres de saint Paul. Les Pères de l'Eglise l'expliquent et la développent, en se servant, à cet effet, de la philosophie grecque, dont ils sont les meilleurs héritiers. Grâce à eux, cette philosophie, qui était tombée en décadence et allait s'éteindre dans de vaines disputes et le scepticisme, se trouve rajeunie et renouvelée par son alliance avec la théologie et la foi chrétienne. C'est là qu'il faut voir l'origine de la scolastique, s'il est vrai qu'elle est née de l'étude des justes rapports de la raison avec la foi. Désormais, la théologie et la philosophie était appelées à se fortifier et à se développer de concert, sans laisser d'être parfaitement distinctes. Ensemble, elles devaient fonder et animer tout le système imposant des connaissances humaines, indéfiniment perfectible. Leur union et leur distinction, avec le rôle qui leur appartient, apparaissent très bien chez les Pères, qu'on peut regarder ainsi comme les ancêtres de la scolastique.

Ce titre est mérité surtout par saint Augustin, à qui la philosophie est redevable peut-être non moins que la théologie. Il connaît la philosophie de Platon et celle d'Aristote ; mais il est évident que la première a ses préférences. Comme Platon, il distingue les trois sciences ou philosophies fondamentales : la science de la nature, la science rationnelle ou logique et la science morale.

Il voit l'importance et le caractère propre de la logique, qui n'est pas seulement un art, nécessaire à toutes les connaissances, mais la science même de la science. En même temps, il corrige ou interprète la doctrine de Platon sur ce monde intelligible ou ce monde des idées qui est l'objet de la logique. Nos idées n'existent pas en dehors de notre esprit, alors même qu'elles expriment et nous font connaître des réalités immuables ; mais aucune idée n'est étrangère à Dieu, lui qui connaît toutes choses en général et en particulier. Saint Thomas montrera ensuite très bien que l'ontologisme ne saurait se prévaloir de cette doctrine.

La théologie de saint Augustin est donc incomparable avec celle des théologiens de l'antiquité profane, qui n'avaient pour lumière que leur propre raison ou des traditions altérées et incomplètes. Nul ne s'est entretenu avec la Divinité d'une manière plus constante et plus intime. « Faites, Seigneur, que je vous connaisse et que je me connaisse » : c'était sa prière suprême et l'aspiration même de son âme. Aussi, a-t-il excellé également en théologie et en psychologie, s'appuyant tour à tour sur chacune de ces deux sciences pour mieux approfondir l'autre. Par ses efforts et par ceux des autres docteurs de l'Eglise, la théologie sacrée a été élevée et maintenue au-dessus de toutes les autres connaissances, qu'elle défend contre la corruption et qu'elle glorifie.

Saint Augustin a vu aussi l'importance de l'histoire, tant sacrée que profane, qui mérite une place entre la théologie et la philosophie. Les premiers éléments de l'histoire de l'humanité existaient déjà dans les saintes Ecritures et dans les écrits des historiens profanes. De ces matériaux, qui peuvent paraître pauvres et insuffisants, si on les compare à ceux dont dispose la science contemporaine, saint Augustin a su tirer une philosophie de l'histoire, appelée à grandir jusqu'à la fin des temps, sans jamais se contredire.

Enfin, il conviendrait peut-être d'attribuer à saint Augustin, plutôt qu'à Marcien Capella et Cassiodore, la distinction des sept arts libéraux, connus sous les noms de *trivium* et *quadrivium*, qui furent la matière de l'enseignement commun dans les écoles du moyen âge. Le trivium comprenait : la grammaire, la dialectique et la rhétorique. Le quadrivium comprenait : l'arithmétique, la géométrie, la musique et l'astronomie. Cet enseignement préparait à celui de la théologie et de la philosophie, qui était donné notamment dans l'interprétation des saintes Ecritures.

Les sciences fondamentales, sur lesquelles repose le système général des connaissances, continuèrent d'être enseignées dans les écoles du moyen âge, malgré les invasions des barbares. Elles achevèrent de s'organiser vers le XIIIᵉ siècle, lorsque toute l'œuvre d'Aristote eut été connue et interprétée dans les universités. On retrouverait cette organisation dans l'œuvre encyclopédique d'un Vincent de Beauvais, dans celle d'un Albert le Grand, etc. Elle est exposée à part et très nettement par saint Bonaventure, qui s'en est occupé expressément.

Dans son opuscule, *De reductione artium ad theologiam*, saint Bonaventure distingue quatre lumières ou principes de connaissance : la lumière supérieure ou divine, donnée par la révélation, contenue dans les saintes Ecritures ; la lumière intérieure, celle de la raison; la lumière inférieure et sensible ; enfin, la lumière extérieure. A celle-ci se rattachent les sept arts mécaniques, déjà énumérés par Hugues de Saint-Victor ; ce sont : 1º l'art de travailler la laine et, en général, les textiles, les étoffes *(lanificium)* ; 2º la fabrication des armes et, en général, l'art de travailler le fer, le bois, la pierre, etc., *(armatura)* ; 3° l'agriculture sous toutes ses formes *(agricultura)* ; 4° la chasse *(venatio)*, qui, avec l'agriculture, l'art pastoral, la pêche, fournit à l'homme les aliments nécessaires ; 5° la navigation *(navigatio)*, qui sert, en particulier, aux transports, sans lesquels il n'est pas de commerce ; 6° l'art du théâtre *(theatrica)*, auquel s'ajoutent toutes sortes de jeux et de délassements ; 7° la médecine, qui était alors un art beaucoup plus qu'une science. Saint Bonaventure n'a pas énuméré les arts principaux, qu'il rattache à la lumière sensible, parmi lesquels viennent sans doute, les beaux-arts, la peinture, le dessin, etc. Mais il a énuméré et classé les principales sciences théologiques et philosophiques, qui répondent à la lumière supérieure ou divine et à la lumière de la raison naturelle. Saint Bonaventure accepte la division traditionnelle de la philosophie en trois parties : rationnelle, naturelle et morale. La première comprend : la grammaire, la logique et la rhétorique ; la seconde comprend : la physique, la mathématique et la métaphysique ; la troisième comprend : la morale individuelle ou monastique, la morale domestique ou économique et la morale sociale. La même division tripartite est appliquée à la théologie. Car les saintes Ecritures nous instruisent également des vérités qu'il faut croire, des devoirs qu'il faut pratiquer et des moyens par lesquels l'âme s'unit à Dieu. De là la théologie dogmatique, la théologie morale et la théologie ascétique et mystique. On peut remarquer que, dans cette classification, d'ailleurs si claire, et si juste, la philosophie n'est pas séparée de certaines connaissances qui ont un autre caractère : la grammaire, la rhétorique, la mathématique et la physique. Mais la philosophie sera bientôt délimitée exactement et distinguée de toutes les autres sciences. Ici se place l'œuvre de saint Thomas.

L'attention de saint Thomas ne s'est guère arrêtée sur les arts mécaniques et autres connaissances secondaires. L'effort de sa pensée s'est porté surtout sur les sciences maîtresses, qu'il a définies, approfondies, en montrant les rapports essentiels qui les unissent. Il est l'organe le plus fidèle et le plus complet de la scolastique ; il en formule les principes directeurs avec une clarté et une modération parfaites, et il en démontre les conclusions essentielles avec une maîtrise souveraine. A ce point de vue, on peut dire qu'il a posé les bases de la synthèse des connaissances humaines et qu'il a fourni les moyens de l'agrandir et de la perfectionner autant que l'exigera le progrès de l'esprit humain.

Ce n'est pas le moindre mérite de saint Thomas que d'avoir expliqué et fait valoir les principes reconnus avant lui, plutôt que d'en avoir cherché de nouveaux. C'est ainsi qu'il tire un excellent parti de ce principe, que les sciences doivent être distinguées et spécifiées d'après leurs objets. Il suffira donc de bien déterminer ceux-ci et de montrer leurs justes rapports. Il est évident, par exemple, que la théologie sacrée et la philosophie sont radicalement distinctes, la première ayant pour objet les vérités révélées, et la seconde ayant pour objet les vérités naturelles démontrées par la raison. Peu importe ensuite que certaines vérités naturelles, qui d'abord n'avaient été connues que par la révélation, aient été démontrées ensuite par la raison. Peu importe aussi que les vérités surnaturelles, inaccessibles à la raison, soient expliquées par la raison, après qu'elles ont été révélées, et soient ainsi harmonisées avec les vérités naturelles. Ni le rationalisme, ni le fidéisme ne peuvent se prévaloir de ces rapports de la raison avec la foi, le premier pour absorber la théologie dans la philosophie, et le second pour absorber la philosophie dans la théologie. Saint Thomas a excellemment marqué cette distinction absolue de la théologie et de la philosophie, en même temps que leur étroite union, qui apparaissent si bien dans la *Somme*. L'histoire, avec les traditions, est nécessaire à l'une et à l'autre science, mais d'une manière bien différente ; car l'argument d'autorité, qui est intrinsèque et décisif en théologie, est l'argument extrinsèque et le plus faible en philosophie.

Saint Thomas a circonscrit avec précision le champ de la philosophie, qu'on étendait souvent aux connaissances les plus disparates. La philosophie est la science des êtres par leurs premières causes ou leurs premiers principes. C'est donc une sagesse au sens antique de ce mot. Or, il appartient au sage d'ordonner : *sapientis est ordinare*, c'est-à-dire de reconnaître ou de déterminer soit l'ordre des idées, soit l'ordre réel des êtres, soit l'ordre de la conduite et de l'action. Saint Thomas retrouve ainsi et confirme la division traditionnelle de la philosophie. Ce n'est pas lui qui appauvrirait la logique, pour n'en faire que l'art de raisonner, une introduction à la philosophie. Elle est une science qui a pour objet l'être de raison, l'être idéal, le monde intelligible. Sans partager l'erreur de Platon saint Thomas a vu l'importance et l'universalité de ce monde intelligible, qui nous permet de connaître le monde réel et Dieu lui-même. Il a distingué ce monde de la pensée d'avec le monde de l'imagination et de la parole, d'ailleurs si merveilleux à son tour. Autre chose, dit-il, est l'étymologie des mots, et autre chose est le sens qu'ils signifient. C'est, en effet, le sens des mots et de

tous les mots de la langue, les idées qu'ils con-
tiennent comme des âmes sous une enveloppe sensible, qui sont l'objet de la logique et de la philosophie. Ce monde de la pensée a ensuite son expression dans la parole, qui doit être correcte et, à l'oc-
casion, persuasive et enchanteresse. De là l'éloquence, la poésie, la grammaire. Ainsi apparaissent
nettement la distinction et les relations étroites de
la philosophie et des lettres.

Il importe aussi de distinguer la philosophie
d'avec les mathématiques, les sciences physiques
et naturelles. C'est ce que ne manque pas de faire
saint Thomas, en montrant que ces sciences ont
des objets bien différents, que l'intelligence connaît au moyen de principes plus ou moins abstraits.
La philosophie a pour objet les essences des choses,
qu'elle connaît en faisant abstraction de toute
matière et de toute quantité proprement dite. Les
Mathématiques ont pour objet la quantité, qui est
l'accident fondamental des corps ; elles le connais-
sent en faisant abstraction des qualités sensibles.
Enfin, ces qualités sont l'objet des sciences physiques et naturelles, qui font abstraction seulement
des individualités.

Saint Thomas est si peu disposé à ranger les
mathématiques parmi les sciences philosophiques
qu'il voit plutôt dans la culture absorbante des
mathématiques un véritable danger pour l'esprit

philosophique. Il arrive, en effet, que des spécialistes en mathématique paraissent incapables de saisir la portée des principes·métaphysiques, voulant soumettre tout objet d'étude à la méthode et au calcul purement mathématiques. Ce mathématisme est une forme de positivisme et va comme lui rejoindre le matérialisme. Il oublie qu'il y a des réalités, et ce sont les réalités supérieures, qui ne s'imaginent d'aucune manière, bien que l'imagination nous soit nécessaire pour les concevoir.

En circonscrivant ainsi la philosophie, saint Thomas ne l'a pas diminuée. Loin de là. Il l'a approfondie et lui a rendu la véritable universalité qui lui convient. Elle a pour objet les premiers principes et les essences de toutes choses, tant spirituelles que matérielles. Elle traite de la quantité et des qualités, de l'espace et du temps, du mouvement, de la constitution essentielle des corps, de leurs transformations substantielles, de la génération des êtres, des degrés de la vie, depuis la plante jusqu'aux esprits et à Dieu même. Le problème de la génération spontanée,. celui du transformisme et de l'évolutionnisme, en général, ressortissent à la philosophie, plutôt qu'aux sciences naturelles, qui préparent seulement leur solution. Le jugement décisif appartient à la métaphysique, qui répudie tout transformisme proprement dit et, à plus forte raison, l'évolutionnisme absolu.

Il est vrai que certaines opinions favorables à la génération spontanée et au transformisme furent très accréditées au moyen âge ; saint Thomas s'en est fait l'écho plutôt que le partisan. Mais ces opinions tenaient aux préjugés de l'époque. On supposait, par exemple, que ce bas monde est soumis à des influences astrales d'un ordre supérieur. Ces préjugés ont été dissipés par une astronomie mieux informée. En définitive, l'hypothèse de la génération spontanée et du transformisme est réfutée par les principes mêmes de la métaphysique de saint Thomas.

Sa philosophie n'est étrangère nulle part, sans laisser d'être toujours distincte : elle est partout, sans être tout. On a vu comment elle n'est pas absente de la grammaire et des lettres, ni des sciences mathématiques et physiques. A plus forte raison, est-elle présente aux sciences sociales. Car le droit positif, la politique et l'économie politique relèvent essentiellement de la philosophie morale et du droit naturel. Aucune législation humaine ne peut s'établir qui ne s'appuie d'une manière plus ou moins heureuse sur la loi naturelle. Hors de là, il n'y a que contrainte et injustice. Il n'est pas permis à un sociologue d'ignorer ces vérités ; elles obligent également le législateur, le juriste, le magistrat, le politique et l'économiste. Or, saint Thomas a montré excellemment cette subordina-

tion absolue de la loi humaine à la loi naturelle,
qui elle-même est l'expression de la loi éternelle
de Dieu, qui gouverne toutes les créatures. Bref,
en montrant comment la philosophie chrétienne
est dans toutes les sciences, pour les soutenir et les
unifier, il a posé les bases de la synthèse de toutes
les connaissances humaines.

CHAPITRE III

La synthèse des connaissances d'après Bacon et les Encyclopédistes.

Au lieu de distinguer et de classer les connaissances d'après leur objet formel et les principes
qui leur sont propres, Bacon les distingue et les
classe d'après les facultés de connaissance. Il
distingue trois facultés : la mémoire, l'imagination
et la raison. De là les trois branches du savoir
humain : l'histoire, la poésie et la philosophie.
L'histoire comprend l'histoire naturelle et l'histoire civile. La première traite de la nature, soit
régulière, soit dans ses écarts et ses monstruosités,
soit enchaînée par l'homme dans les arts mécaniques. Bacon distingue, en outre, l'histoire naturelle narrative et l'histoire naturelle inductive.
Dans l'histoire naturelle régulière ou libre rentrent :

l'histoire des corps célestes ; celle des régions de l'air, des terres, des mers, des montagnes, des fleuves, etc. Quant à l'histoire proprement dite, elle comprend l'histoire sacrée ou ecclésiastique, l'histoire profane, l'histoire des peuples, l'histoire littéraire, etc.

Dans la poésie, qui forme à elle seule la deuxième branche, Bacon distingue la poésie narrative, la poésie dramatique et la poésie parabolique (allégories, fables, mythes).

Enfin, la philosophie comprend, en réalité, toutes les sciences. Elle s'ouvre par la philosophie première ou fondamentale, science des axiomes, des transcendantaux. Bacon distingue ensuite la philosophie de Dieu, celle de la nature et celle de l'homme. Dans la philosophie de la nature rentrent notamment la physique et la métaphysique. Un appendice comprend les mathématiques. Dans la philosophie de l'homme, Bacon distingue la philosophie de l'individu et celle de la société. Dans la philosophie de l'individu rentrent la science de l'âme et celle du corps. A la science de l'âme Bacon rapporte la logique et la morale. La logique comprend notamment l'art d'inventer, l'art de juger, l'art de communiquer par des signes, par la parole, etc. A la science du corps se rapportent : la médecine (santé du corps), la cosmétique (beauté du corps), l'athlétique (force), la voluptuaire, avec les beaux-arts ou arts d'agrément. La philosophie de l'homme vivant en société comprend : l'art de vivre dans le monde, l'art de traiter les affaires, l'art de gouverner, etc.

Il n'est pas nécessaire d'exposer avec plus de détails cette classification pour en saisir les défauts essentiels. Et d'abord, on ne peut établir une classification générale des sciences sur les facultés de connaissance ; car l'esprit humain, quand il s'applique à un objet pour l'étudier, se sert indistinctement de toutes ses facultés et notamment de la mémoire, de l'imagination et de la raison. Rien même ne servirait de dire que l'usage de la mémoire prévaut chez les historiens, celui de l'imagination chez les poètes et celui de la raison chez les philosophes. Car les plus grands historiens ont brillé surtout par la critique et la sagesse de leurs jugements, tandis que plus d'un philosophe célèbre s'est laissé égarer par son imagination. Des positivistes ont même prétendu que la métaphysique n'est qu'une poésie, une œuvre d'imagination. Par contre, de grands poètes ont su mettre leur talent au service d'une morale pure et d'une haute philosophie.

Ensuite, en ce qui concerne l'histoire, il est difficile de ranger, dans une même division, des sciences aussi disparates que l'histoire proprement dite, celle des événements qui ont marqué la vie de l'humanité, et celle de l'histoire naturelle du ciel et de la terre, des végétaux et du règne animal. L'histoire naturelle n'est, pour ainsi dire, que la partie descriptive des sciences de la nature, tandis que l'histoire proprement dite, fondée sur le témoignage humain et non pas sur l'observation de la nature, intéresse les plus hauts problèmes de la religion et de la morale.

En ce qui concerne la poésie, on ne voit pas pourquoi Bacon la sépare ainsi des belles-lettres et des lettres en général, pour en former un groupe à part. La transition de la poésie à la prose est insensible, et telle prose est poétique, alors que telle poésie est prosaïque. Le récit, le drame, l'allégorie s'expriment indifféremment en vers et en prose.

La troisième partie, dont l'étendue est sans proportion avec celle des deux autres, est aussi de beaucoup la plus importante. Entre autres critiques, auxquelles elle donne lieu, il suffit de signaler les suivantes. Bacon a négligé la théologie sacrée, qui cependant éclaire tout le savoir humain, l'enrichit de vérités surnaturelles et de certitudes précieuses. Il n'a pas délimité la philosophie, qu'il mêle avec les autres connaissances ; le groupe naturel des sciences philosophiques, qui forment une même science, est dissous et dispersé. Il fait de la logique et de la morale des subdivisions de la science de l'âme, qui rentre elle-même dans la science de l'homme. Mais la logique et la morale,

de même que la vérité et le bien, débordent l'âme,
dont elles dirigent l'activité intellectuelle et morale;
elles sont des sciences de premier ordre, fondées sur
des principes immédiatement évidents.

On est étonné ensuite de voir les mathématiques
placées en appendice à la science de la nature, alors
que toutes les transformations et tous les mouvements de la nature physique sont soumis aux
lois mathématiques. On n'est pas moins étonné de
voir les beaux-arts, sous le nom de voluptuaire,
rangés parmi les sciences du corps, à la suite de la
médecine, de la cosmétique et de l'athlétisme.
Bref, le défaut général de ce système des connaissances, c'est d'être fondé sur le sujet connaissant et
ses facultés plutôt que sur l'objet connu, ou bien
sur l'objet matériel plutôt que sur l'objet formel
et les principes qui servent à connaître cet objet.

La classification de Bacon est acceptée, avec
quelques changements, par les Encyclopédistes du
XVIIIe siècle, ou plutôt par Diderot, qui préside à
leur œuvre commune, et par d'Alembert, qui en
écrivit le Discours préliminaire. Parmi les modifi-
cations introduites, il faut signaler les suivantes.
La raison et la philosophie sont placées au second
rang, avant l'imagination et la poésie. A la poésie

sont rattachés les beaux-arts, qui lui ressemblent en effet, à certains égards. Néanmoins, la beauté cherchée par la poésie est intérieure ou de pure imagination, tandis que les beaux-arts s'appliquent à réaliser le beau sensible. La poésie est beaucoup mieux apparentée avec les belles-lettres et, en général, avec les lettres. Or, d'Alembert et Diderot, de même que Bacon, rapportent les lettres à la logique, comme étant l'art de communiquer la pensée. Mais, malgré cette dépendance des lettres par rapport à la logique, elles n'en forment pas moins un groupe à part, distinct des sciences philosophiques et, en particulier, de la logique : elles sont la science et l'art de l'expression de la pensée.

D'Alembert et Diderot imitent encore Bacon, en plaçant, dans la même division générale, l'histoire naturelle à côté de l'histoire proprement dite, qui est une science morale, fondée sur le témoignage humain. Dans l'histoire naturelle, ils distinguent l'histoire des usages de la matière, qui ne comprend pas moins de 250 arts et métiers. Mais cette histoire des usages de la matière n'est par elle-même qu'une description, qui prépare des industries déterminées, bien différentes de l'histoire elle-même. D'Alembert et Diderot ont mieux connu le caractère distinctif et le rôle des mathématiques ; mais ils sont beaucoup moins justes envers les sciences théologiques. En résumé, leur

système des connaissances, malgré les modifica-
tions et les développements introduits dans celui
de Bacon, pèche par les mêmes défauts essentiels :
il n'est pas édifié sur les fondements nécessaires
posés par la philosophie traditionnelle.

CHAPITRE IV

La synthèse des connaissances d'après Ampère.

Ampère (1775-1836), connaissait à fond le système des connaissances de Bacon et des Encyclopédistes ; car, dans sa jeunesse, il avait lu, avec
une ardente curiosité scientifique, les vingt volumes
de l'Encyclopédie. La critique qu'il a faite de ce
système n'en est que mieux éclairée et plus péremp-
toire. Il lui reproche notamment d'associer les
connaissances les plus disparates et de séparer, au
contraire, celles qui ont le plus d'affinité entre elles.
A cette classification trop artificielle il tenta de
substituer une classification naturelle, qu'il exposa
dans ses cours à l'Athéné, dès 1807. Cette question
n'a cessé de le préoccuper pendant toute sa vie et
il l'a traitée de nouveau dans ses cours du Collège
de France. Le résultat de ces travaux fut publié par
son fils sous le titre : *Essai sur la philosophie des
sciences ou Exposition analytique d'une classification naturelle de toutes les connaissances humaines.*

Ampère distingue d'abord les sciences cosmologiques, qui ont pour objet le monde, et les sciences noologiques, qui ont pour objet la pensée. De là, deux règnes qui donnent successivement 4 sous-règnes, 8 embranchements, 16 sous-embranchements, 32 sciences de premier ordre, 64 sciences de deuxième ordre et 128 sciences de troisième ordre, en vertu d'une division constamment dichotomique.

Les huit embranchements qui portent toute la classification, sont déterminés ainsi. Le monde qui est l'objet des sciences cosmologiques, est étudié successivement par les mathématiques et les sciences physiques, qui observent les êtres inorganiques, puis, par les sciences physiologiques et les sciences médicales, qui observent les êtres organiques. De là les quatre premiers embranchements. Ensuite, la pensée qui est l'objet des sciences noologiques, est étudiée successivement par les sciences philosophiques et les sciences nootechniques, qui observent la pensée dans l'homme individuel, puis par les sciences ethnologiques et les sciences politiques, qui observent l'homme vivant en société.

Suivons, maintenant, quelques-unes des subdivisions du 5e embranchement (sciences philosophiques), qui est le plus important. Les sciences philosophiques comprennent les sciences philosophiques proprement dites et les sciences morales.

Les premières comprennent la psychologie et l'ontologie, deux sciences de premier ordre. Les sciences morales comprennent l'éthique et la thélésiologie (science de la volonté), deux autres sciences de premier ordre. La psychologie comprend ensuite la psychologie élémentaire et la psychognosie, deux sciences de second ordre. La psychologie élémentaire comprend la psychographie et la logique, deux sciences de troisième ordre. A son tour, la psychognosie comprend la méthodologie et l'idéogénie, deux autres sciences de troisième ordre.

Ajoutons que l'ontologie comprend de même l'ontologie élémentaire et l'ontognosie ; l'éthique comprend l'éthique élémentaire et l'éthognosie ; enfin, la thélésiologie comprend la thélésiologie élémentaire et la thélésiognosie.

En jetant maintenant un coup d'œil sur le 6e embranchement, celui des sciences nootechniques, nous voyons qu'il comprend les quatre sciences de premier ordre suivantes : 1º la technesthétique, dans laquelle rentrent les beaux-arts, avec la philosophie de l'art ; 2º la glossologie, dans laquelle rentrent la lexicographie, la grammaire, etc., avec la philosophie des langues ; 3º la littérature, avec la philosophie des lettres ; 4º la pédagogie, avec la théorie de l'éducation.

Le 7e et le 8e embranchement comprennent les sciences historiques et les sciences sociales, toujours classées d'après la même méthode. Les quatre premiers embranchements forment également des groupes naturels ; on les retrouve dans la plupart des classifications.

L'œuvre d'Ampère n'en est pas moins sujette à de graves critiques. En voici les principales. Il divise d'abord les sciences d'après leur objet matériel ou concret : d'un côté, le monde sensible, avec les sciences cosmologiques ; de l'autre côté, la pensée, avec les sciences noologiques. Mais le monde sensible, non moins que le monde de la pensée, rentre dans l'objet des sciences théologiques et philosophiques. Ces sciences n'obtiennent pas la place et la part qui leur sont dues. La théologie sacrée n'est pas distinguée comme il le faudrait de la théologie naturelle. Parmi les sciences philosophiques, la logique est comptée comme une science de troisième ordre ; elle devient une partie de la psychologie, et de la psychologie élémentaire.

Un autre défaut capital de cette classification, c'est que les sciences de premier et de second ordre sont généralement distinguées et divisées selon qu'elles sont élémentaires ou approfondies *(gnosies)*, descriptives *(graphies)* ou raisonnées *(logies)*. Mais une science ne change pas de nature, parce que d'élémentaire et descriptive qu'elle était d'abord elle devient raisonnée et approfondie. Il est vrai seulement que l'intelligence, en face d'objets à connaître, les observe d'abord, les pénètre ensuite plus ou moins et en découvre les lois et les causes.

Enfin, l'abus du néologisme n'est pas le moindre défaut de cette classification. Il semble que l'auteur ait voulu plier les sciences aux lois et aux lignes de la géométrie. De là cette division constamment dichotomique, avec maintes subdivisions artificielles, qu'on ne peut désigner que par des noms nouveaux. Mais la science est une vie, et la vie, même la plus humble, comme celle de la plante, ne se développe jamais selon des lignes géométriques. Comment donc les sciences, qui sont une vie supérieure de l'esprit, pourraient-elles rentrer dans des cadres géométriques? Cette considération suffirait à persuader que cette classification, malgré les intentions de son auteur, est trop artificielle ; elle manque de clarté et ne satisfait pas aux exigences de la logique.

CHAPITRE V

La synthèse des connaissances d'après Comte et Spencer.

Auguste Comte (1798-1857) et les positivistes en général, refusent de compter la métaphysique parmi les sciences. C'est dire qu'ils nient ou du moins qu'ils négligent comme inconnaissable ce qui est le fond et l'objet principal de toutes les sciences philosophiques. Comte, en particulier, va jusqu'à soutenir que la pensée ne peut se connaître elle-même par la conscience ; elle ne se connaîtrait elle-même que par le dehors. On pressent par là ce que peut être sa classification des sciences.

Il distingue six sciences principales, qui se succèdent selon l'ordre de complexité des phénomènes qu'elles observent ; ce sont : la mathématique, l'astronomie, la physique, la chimie, la biologie et la *sociologie*, mot inventé par Comte. Sur la sociologie, il espère fonder la morale altruiste, la politique positive et la religion de l'humanité. A la base de toutes les connaissances il met la mathématique. D'après lui, elle remplace la logique, pour la formation de l'esprit. Il supprime également les sciences théologiques et les sciences philosophiques, qu'il regarde comme des préjugés de l'enfance et de la jeunesse des sociétés. Il ne voit pas que ces sciences maîtresses se sont développées et fortifiées en même temps qu'elles soutenaient le progrès de toutes les autres, et que, en les reniant, il s'attaque à l'esprit humain lui-même et à la civilisation.

Pour nous en tenir à sa classification, il est évident qu'elle est mutilée et privée de ce qui lui serait le plus nécessaire. Elle ne pèche pas moins que le système dont elle est l'expression. Appliquée à l'enseignement, comme on a essayé de le faire, elle est pernicieuse. Si l'on parvenait à construire à son image une société quelconque, celle-ci serait vouée à l'anarchie et à la ruine. L'ambition de Comte n'en était pas moins de réformer l'enseignement et la société tout entière.

Sans doute, les sciences principales qu'il énumère, en négligeant ce qu'il appelle les sciences concrètes, se succèdent dans l'ordre qu'il a marqué. Mais d'abord, cet ordre n'avait pas échappé à Ampère, ni à beaucoup d'autres savants. Ensuite, il n'a pas vu ou du moins il n'a pas assez observé que les lois mathématiques ne suffisent pas à expliquer les mouvements astronomiques, ni le mouvement en général, bien qu'elles s'y appliquent. Elles expliquent moins encore les phénomènes physiques et chimiques, tout en s'y appliquant, pour les mesurer. Leur insuffisance est plus évidente encore, si l'on observe les phénomènes vitaux. La vie la plus humble est déjà hyperphysique. Que dire alors de la vie intellectuelle et morale ? Nous sommes ici en présence d'autres principes, d'autres lois, d'autres réalités, vraiment spirituelles. Sans ces réalités, la vie sociale est inexplicable, aussi bien que la vie intellectuelle. Il faut donc replacer, et au premier rang, dans la synthèse des connaissances, les sciences que les positivistes cherchent vainement à supprimer.

*_**

Le positiviste anglais Herbert Spencer (1820-1903), qui fut si célèbre à la fin du siècle dernier, a proposé une classification qui, malgré des changements appréciables, pèche par la même insuffisance que celle de Comte. Il distingue trois ordres de sciences : les sciences abstraites, les sciences abstraites-concrètes et les sciences concrètes. Les premières comprennent la logique et la mathématique ; les secondes, la mécanique, la physique, la chimie, etc. ; les troisièmes, l'astronomie, la géologie, la biologie, la psychologie, la sociologie, etc.

Mais il faut remarquer d'abord que Spencer, en vrai nominaliste, n'admet pas les idées universelles proprement dites ni, partant, l'abstraction qui nous les donne. Il ne peut donc déterminer les degrés de l'abstraction véritable. Toute science est abstraite, à quelque degré. La connaissance du concret par l'observation et l'expérience n'est que la préparation de la science.

On remarquera ensuite que la logique et le raisonnement tels que les entend Spencer, étant dépourvus de l'idée universelle, diffèrent absolument de la logique et du raisonnement tels qu'il faut les entendre. Il est amené ainsi à mettre sur le même plan la logique et la mathématique, qui diffèrent profondément. Enfin, et toujours en vertu de la même erreur de principe, il place la psychologie, les sciences morales et sociales, après la biologie, parmi les sciences qualifiées de concrètes, alors que ces sciences s'éclairent des plus hauts principes et s'élèvent aux lois les plus générales.

CHAPITRE VI

La synthèse des connaissances d'après quelques auteurs contemporains.

Parmi les auteurs de ce temps qui se sont occupés avec persévérance de la classification ou du système des sciences, on doit citer M. Edmond Goblot et M. Adrien Naville. Le premier a publié, en 1898, l'*Essai sur la classification des sciences* (in-8, 296 p.). Il est revenu sur ce sujet dans le *Système des sciences*, publié en 1922 (in-16, 259 p), dans lequel sont reproduites vingt conférences faites à Barcelone.

Comme les positivistes dont il paraît généralement partager les doctrines, M. Goblot part des sciences mathématiques, pour s'élever graduellement jusqu'aux sciences morales et sociales. « La plus simple, la plus générale de toutes les sciences, écrivait-il en 1898, est celle de la quantité » (p. 284). Si la notion de quantité était la première et la plus générale de toutes les notions, il serait juste, en effet, de regarder la mathématique comme la première de toutes les sciences. Mais, au-dessus de la notion de quantité, il y a des notions plus générales et plus fondamentales, qui s'imposent à l'esprit humain et l'éclairent dans toutes ses démar-ches. Au premier rang sont les idées d'être, de vérité et de bien.

Après les sciences mathématiques, arithmétique et géométrie, M. Goblot place naturellement les sciences physiques, chimiques, etc., distinguant les sciences pures ou théoriques et les sciences appli-quées, avec les arts qui leur correspondent. Parvenu aux sciences biologiques, il affirme leur continuité avec les sciences suivantes : « Il y a donc continuité, dit-il, entre la biologie, la psychologie et la socio-logie. Celle-ci n'est pas parallèle à la première : elle en est le prolongement. Le passage de l'une à l'autre est insensible » (p. 212). Il est trop clair que cette continuité implique un certain évolu-tionnisme. Mais alors, comment expliquer que les sciences sociales, avec les autres connais-sances supérieures, qui honorent le plus l'huma-nité, ne soient que des prolongements de la biologie ?

Dans le *Système des sciences*, M. Goblot traite de l'histoire et des rapports des sciences, plutôt que de leur classification. La science de la quantité est toujours regardée comme la science première. A la psychologie et à la sociologie, entendues à la manière des positivistes, sont rattachées la logique, la morale, l'esthétique, etc. L'auteur croit pouvoir les qualifier encore de sciences philosophiques, quoiqu'elles soient privées de toute métaphysique.

⁂

M. Adrien Naville a publié, en 1901, une *Nouvelle classification des sciences* (in-12, 180 p.). Il divise les sciences en trois branches principales : la théorématique, l'histoire et la canonique. La théorématique est la science des lois ; l'histoire est la science des faits ; la canonique est la science des possibilités dont la réalisation serait bonne. La canonique donne donc les règles idéales d'action.

La théorématique comprend : 1º la Nomologie ; 2º les sciences mathématiques (arithmologie, géométrie, cinématique) ; 3º les sciences physiques (mécanique, physique, chimie, biologie) ; 4º les sciences psychologiques (psychologie, sociologie, avec la linguistique, l'économie, etc.).

L'histoire comprend : l'histoire naturelle (astronomie, géologie, géographie, physique, météorologie, pétrographie, minéralogie, phytologie, zoologie, etc.) et l'histoire humaine (histoire proprement dite et philologie, histoire politique, sociale, morale, juridique, religieuse, linguistique, littéraire, artistique, etc.).

La canonique comprend : 1° Théories des moyens ou des arts ; 2° Sciences morales ou théories de la combinaison des moyens ; 3° Morale ou théories des buts obligatoires. Dans le premier groupe rentrent : les arts du plaisir immédiat (jeux) ; les arts de la sensation ; les arts de la contemplation (beaux-arts) ; les arts du plaisir médiat ou de l'utile (industries, cultures, médecine, politique, etc.); les arts de la connaissance (logique, didactique).

En examinant cette classification, on s'aperçoit bientôt qu'elle est incomplète et artificielle. Elle est incomplète, car elle omet l'ontologie et, partant, la métaphysique, qui est le fond même de la philosophie véritable. L'auteur dit que l'ontologie, si elle était une science, se placerait avant la théorématique. Ensuite, cette classification est artificielle ; et cela tient d'abord à ce que les lois, les faits et les règles ne peuvent distinguer radicalement les sciences entre elles. Il n'est pas de science, pour ainsi dire, qui ne comprenne, dans son objet, des lois, des faits ou du moins des réalités et des règles.

La canonique ne devrait donc pas être séparée de la théorématique d'une manière radicale. La canonique représente ici la science pratique et l'art, tandis que la théorématique représente la science théorique et spéculative. Or, on a vu, dans la première partie de cet ouvrage, que toute science complète est à la fois spéculative et pratique, et que le caractère pratique est accidentel à la vérité. Même certains arts font corps avec la science qui les exerce : ainsi en est-il dans la logique et les belles-lettres. Pour rester fidèle à son principe de classification, l'auteur est amené à ranger la logique et la morale parmi les sciences canoniques, alors qu'elles sont des sciences de premier ordre et spéculatives à beaucoup d'égards. La théologie est moins bien traitée encore ; car on ne voit pas qu'elle ait parmi les sciences la place qu'elle mérite.

Enfin, on remarquera que l'histoire humaine et l'histoire naturelle sont réunies comme deux espèces d'un même genre, ainsi que l'ont fait Bacon et les Encyclopédistes. Ampère avait déjà protesté contre cette association. Ces deux histoires, en effet, n'ont de commun que le nom : l'une porte sur des faits humains ou intéressant l'humanité, connus par le témoignage ; l'autre porte sur des réalités observées ou découvertes par les sciences de la nature.

CONCLUSION

La conclusion qui se dégage d'abord de cette
étude, c'est qu'il faut revenir aux principes de la
philosophie traditionnelle, si l'on veut établir la
classification des sciences ou mieux encore, la
synthèse de toutes les connaissances humaines.
Hors de là, il n'y a que des systèmes incohérents ou
incomplets, qui, en se multipliant, finiraient par
persuader que l'œuvre est chimérique en elle-même
et sans portée. Cette persuasion serait favorable
au scepticisme et pernicieuse ; car une organisation des connaissances s'impose toujours, vraie
ou fausse ; elle finit par modeler l'enseignement
public et la société elle-même à son image. Les positivistes et les autres agnostiques l'ont bien compris,
et nous voyons que l'enseignement public et l'ordre
social lui-même se conforment de plus en plus à
leur manière d'entendre et d'ordonner les connaissances.

Il faut donc insister sur l'importance d'une bonne
synthèse, en soulignant de nouveau ses rapports
avec l'enseignement et l'ordre social. Les connaissances, en effet, avec les sciences, dont elles sont

l'épanouissement, et avec les doctrines, dont elles sont inséparables, animent nécessairement les sociétés humaines, comme l'âme anime le corps. Le corps social est donc modelé, en définitive, par les connaissances qui lui donnent la vie. Cette vie est transmise de génération en génération par l'enseignement. Si l'enseignement est appauvri ou vicié, la vie sociale en souffre d'autant, à mesure que les générations nouvelles remplacent les anciennes. Il faut donc que l'enseignement, sans laisser d'être progressif, transmette fidèlement les vérités acquises et traditionnelles, alors surtout que ces vérités sont les plus nécessaires à la société aussi bien qu'aux individus, comme les vérités morales et religieuses.

D'ici l'on voit le danger que fait courir à la société un enseignement prétendu neutre, qui supprime de son programme les connaissances qui sont le plus nécessaires à la culture de l'âme francaise. Ces connaissances sont la théologie et la philosophie chrétienne, l'histoire sainte et l'histoire de l'Eglise, l'histoire des origines chrétiennes de la France et de sa destinée providentielle, le droit chrétien et la législation supérieure qui en découle, la liturgie et les arts religieux, qui méritent une place dans la vie publique, avec les autres manifestations religieuses. C'est en même temps un attentat commis contre l'enfance et la jeunesse ; car elles ont droit d'être initiées aux connaissances que n'ont pas ignorées les ancêtres et sans lesquelles il n'y aurait plus de peuple chrétien.

Il est vrai que l'enseignement qui est dû à tous est nécessairement limité, disons plutôt élémentaire. Mais il doit s'étendre de quelque manière à toutes choses ; il doit comprendre, en particulier, tout ce qui est nécessaire à la vie intellectuelle et morale des familles. Aujourd'hui surtout, où les grandes industries et les grandes entreprises emploient des millions d'êtres humains dans les usines et manufactures, dans les gares et sur les chemins de fer, etc., il faut que tout travailleur, après avoir fourni sa part de labeur matériel, se retrouve parfaitement libre, au foyer domestique, pour y vivre une vie familiale, pleinement humaine et chrétienne.

Nous revenons ainsi aux rapports déjà observés souvent au cours de cette étude, entre la synthèse des connaissances et l'ordre social. Il est évident qu'une nation telle que la France doit, sous peine de déchoir, cultiver toutes les connaissances et collaborer à leur progrès, non moins que les nations rivales. Elle doit s'appliquer surtout à briller dans les connaissances supérieures, celles qui soutiennent toutes les autres et décident, en définitive, de la valeur intellectuelle et morale de la société. Il s'agit évidemment des sciences

religieuses, historiques, philosophiques, sociales. Il
s'agit aussi, des belles-lettres et des beaux-arts,
qui doivent être la plus belle expression de l'âme
d'un peuple. Vulgarisées par l'enseignement et
par la presse, les vérités morales et religieuses, avec
les autres vérités nécessaires ou utiles, vivifieront
tout le corps social et y susciteront les vertus individuelles, familiales, civiles, qui sont la véritable
force de la société.

Sans doute, la culture intellectuelle ne se confond
pas avec la culture morale, ni la connaissance ou
la science avec la vertu. Mais la vertu naît facilement de la vérité intégrale et salutaire ; et le vice
naît trop facilement d'un enseignement diminué
et de l'erreur. La société sera donc sauvée d'abord
par la vérité et par la vérité intégrale, qui ne va pas
sans le juste équilibre de toutes les connaissances.

Chose remarquable, cet équilibre ou plutôt cette
harmonie répond à l'équilibre et à l'harmonie des
classes sociales, et mieux encore des professions
entre lesquelles se partagent tous les membres de
la société. N'est-il pas vrai que les agriculteurs, les
artisans et les ouvriers, les industriels, les agents
du commerce et du transport composent la plus
grande partie de la société? Ils exercent des arts
nombreux et variés, qui occupent une large place
dans la synthèse des connaissances. En pratiquant
ces arts avec intelligence et probité, ils peuvent se

procurer légitimement, dans une société bien ordonnée, tous les biens d'ordre intellectuel ou matériel qui leur sont nécessaires, en même temps qu'ils satisfont aux besoins économiques de la société tout entière.

Les arts qu'ils exercent sont sous la dépendance des sciences mathématiques, physiques et naturelles, non moins indispensables à la société et enseignées ou cultivées par les maîtres ou les savants. Ceux-ci apportent donc une large contribution au bien public. Et puis la société ne vit pas seulement de biens matériels : elle vit surtout de vérités morales et religieuses ; elle a un besoin absolu de justice, de paix, de fraternité. Il faut qu'elle soit accessible aux nobles jouissances de l'esprit et de la conscience. Trop privée de ces biens supérieurs, elle tomberait dans le désordre et l'anarchie, elle manquerait même du pain de chaque jour. De là la nécessité des professions représentées par le prêtre, le religieux, le magistrat, l'avocat, l'administrateur, le savant, l'artiste, le professeur, le médecin, l'écrivain, le journaliste, le soldat et l'officier de carrière, etc. Chacun d'eux contribue au bien public, en se distinguant par les qualités intellectuelles et morales que comporte sa profession. C'est ainsi que la synthèse sociale se construit naturellement sur le même plan que la synthèse des connaissances.

Est-il nécessaire de redire ici, encore une fois, que dans une société ainsi ordonnée l'unité nationale serait relativement facile et durable. Elle s'affirmerait, par exemple, dans un Sénat corporatif, qui réunirait l'élite de toutes les professions et de toutes les classes.

Le Tableau général qui termine cet ouvrage et le résume rendra plus sensible cette correspondance naturelle de la synthèse des connaissances avec l'ordre social.

TABLEAU GÉNÉRAL

CONNAISSANCES HUMAINES

———

Image et effet de la sagesse divine dans l'esprit humain, les connaissances sont divisées, d'après leur objet formel le plus général, en cinq embranchements. Ceux-ci comprennent ensemble vingt-deux groupes de connaissances, qui sont autant de familles naturelles, unies entre elles par des liens de parenté et de multiples alliances.

1ᵉʳ Embranchement : Sciences et arts libéraux.

Cet embranchement comprend, avec les sciences, des arts qui ne s'en séparent pas. Les sciences ont pour objet le *vrai*, fondement nécessaire du beau et du bien, qui sont visés plutôt par les arts.

1ᵉʳ GROUPE : *Sciences théologiques.* — Théologie dogmatique, morale, ascétique et mystique. Théologie scolastique et positive. Patrologie (v. lettres chrétiennes, histoire de l'Eglise). Exégèse biblique (v. linguistique). Droit canon (v. droit civil). Liturgie (v. cérémonies, musique sacrée). Apologétique (v. philosophie chrétienne).

2º GROUPE : *Sciences historiques*.— Histoire sainte et histoire de l'Eglise. Hagiographie. Histoires particulières des peuples, des races, des nations, des empires. Histoire des religions. Histoire de chaque connaissance en particulier : de la théologie, de la philosophie, des lettres, des sciences, des arts, etc. Monographies et biographies. Archéologie. Numismatique. Epigraphie. Diplomatique. Paléographie. Bibliographie (v. lettres). Chronologie (v. astronomie). Géographie politique (v. géographie physique).

3º GROUPE : *Sciences philosophiques*. — La philosophie comprend la logique, la métaphysique et la morale. La logique comprend la dialectique, la critique, la méthodologie. La métaphysique comprend la métaphysique générale ou ontologie et la métaphysique spéciale, dans laquelle rentrent la cosmologie, la psychologie et la théologie naturelle ou théodicée. La morale philosophique comprend l'éthique et le droit naturel. Appliquée aux différentes connaissances, la philosophie devient la philosophie religieuse, la philosophie de l'histoire, des sciences, des lettres, des arts, de l'éducation, etc.

4º GROUPE : *Sciences sociales*. — Droit positif. Science de la législation et des différents codes. Droit coutumier. Droit international (v. droit naturel et droit canon. Histoire des constitutions et des législations : droit romain, etc.). Jurisprudence. Art de gouverner et d'administrer. Politique intérieure et extérieure. Diplomatie (v. art de la guerre). Economie politique. Finances (v. industrie, etc.).

5ᵉ GROUPE : *Lettres*. — Grammaire. Art de l'écrivain. Belles-lettres. Poésie. Eloquence (v. beaux-arts). Grammaire comparée. Linguistique. Philologie. Morphologie. Lexicologie. Sémantique (v. logique, psychologie). Epigraphie. Paléographie. Diplomatique. Bibliographie (v. histoire). Phonétique (v. acoustique).

6ᵉ GROUPE : *Sciences Mathématiques*. — Géométrie. Art de mesurer, art de l'arpenteur, etc. Arithmétique. Algèbre. Art de calculer (v. art de raisonner, dialectique, logique).

7ᵉ GROUPE : *Sciences physiques*. — Mécanique. Physique proprement dite : acoustique (v. phonétique), optique, etc. Astronomie et cosmographie. Météorologie. Géographie physique (v. géographie politique, commerciale, etc.). Géologie. Paléontologie (v. botanique, zoologie). Minéralogie. Chimie. Chimie industrielle, organique, agricole, etc.

8ᵉ GROUPE : *Sciences biologiques*. — Anatomie et physiologie des êtres organisés. Histoire naturelle des plantes et des animaux : botanique et

zoologie (v. culture, art pastoral, élevage et dressage. Psychologie comparée). Hippiatrie. Art vétérinaire.

9e GROUPE : *Sciences médicales*. — Anatomie
et physiologie humaines. Hygiène. Nosologie.
Etiologie. Thérapeutique. Gynécologie, etc. Pharmaceutique (v. botanique, chimie, physique). Chirurgie. Chirurgie dentaire. Art de l'oculiste, etc. Art
de soigner les malades, art de l'infirmier, de l'in-
firmière (v. psychologie, morale, médecine légale).

2e Embranchement : beaux-arts et arts de la lutte.

Cet embranchement comprend les connaissances qui ont pour objet propre le *beau sensible*.
Au premier rang se trouvent les beaux-arts. Viennent ensuite les arts de la lutte, qui leur sont naturellement associés.

10e GROUPE : *Beaux-arts*. — Architecture. Sculpture. Peinture. Dessin. Calligraphie. Art de l'im-
primeur. Musique. Art du compositeur. Art de
l'instrumentiste. Théâtre. Danses. Manifestations
esthétiques. Cérémonies religieuses et civiles. Processions. Revues militaires.

11e GROUPE : *Arts de la lutte*. — Athlétisme. Jeux
Olympiques. Gymnastique. Sport. Courses à pied,
à cheval, en char, en automobile, en vélocipède,

en avion. Natation. Canotage. Régates. Joutes nautiques. Jeux de toute sorte, d'adresse et de hasard. Pêche et Chasse. Tournois. Tir. Escrime. Stratégie et tactique. Art de la guerre.

3e Embranchement : Culture.

Cet embranchement comprend les connaissances qui ont pour objet propre le *bien*, le perfectionnement de la personne ou de la chose cultivée. Il comprend donc : l'art de l'éducation ; l'art pastoral, l'élevage et le dressage ; l'agriculture sous toutes ses formes.

12e GROUPE : *Culture de l'homme.* — Art de l'éducation. Pédagogie. Education intellectuelle. Art de l'enseignement (v. les diverses connaissances). Education morale (v. sciences religieuses, psychologie). Education physique (v. hygiène, gymnastique, sport).

13e GROUPE : *Culture de l'animal.* — Elevage et dressage (v. psychologie comparée). Art pastoral (v. sciences biologiques, zoologie). Aviculture. Pisciculture. Ostréiculture. Apiculture. Sériciculture.

14e GROUPE : *Culture des plantes et de la terre qui les nourrit.* — Agriculture (v. botanique et chimie agricole). — Horticulture. Viticulture. Sylviculture, etc. Culture des céréales et autres plantes alimentaires. Culture des plantes textiles, du cotonnier, etc.

4e Embranchement : Industrie.

Cet embranchement comprend les arts dont la fin propre est de produire ou de procurer des choses *utiles*. Ces arts sont distribués en cinq groupes : 1° Industrie des matières premières ; 2° Industrie du bâtiment et, en général, l'art de la construction ; 3° Industrie du meuble, avec ses accessoires ; 4° Industrie du vêtement, des étoffes, etc. ; 5° Industrie de l'alimentation.

15e Groupe : *Industrie des matières premières.* — Industries du fer et des autres métaux. Métallurgie. Exploitation des mines de charbon. Fabrication du gaz d'éclairage, du coke. Exploitation de la houille blanche, des chutes d'eau et autres forces de la nature. Exploitation des sources de pétrole. Fabrication des produits chimiques, des savons, des huiles, du verre, etc. Exploitation des carrières de marbre, de pierre, d'ardoise, d'argile, etc. Exploitation des forêts ; fabrication du papier et d'abord, de la pâte à papier ; fabrication du caoutchouc, etc. Préparation des peaux, des fourrures. Industrie des textiles : laine, lin, chanvre, coton, soie.

16e GROUPE : *Industrie du bâtiment et, en général, art de construire.* — Construction des habitations, palais, monuments (v. architecture ; métiers du maçon, du plâtrier, du charpentier, etc.). Construction des vaisseaux, des bateaux, des voitures, des automobiles, des avions, etc. Constructions de toutes sortes de machines.

17e GROUPE : *Industrie du meuble.* — Fabrication du mobilier des appartements, de la cuisine, de la cave (art de l'ébéniste, du menuisier). Céramique, poterie, cristallerie, coutellerie. Vannerie. Tonnellerie. Fabrication de certains articles de voyage, valises, parapluies, etc. Fabrication des instruments des arts et métiers, des instruments de musique, des jeux et des jouets, des armes portatives.

18e GROUPE : *Industrie du vêtement.* — Filature et tissage du lin, du chanvre, du coton, de la laine, de la soie. Confection de toutes les pièces qui entrent dans le trousseau et l'habillement. Fabrication des chaussures et des chapeaux.

19e GROUPE : *industrie de l'alimentation.* — Meunerie, boulangerie, pâtisserie, confiserie. Fabrication des pâtes alimentaires, du sucre, du chocolat. Boucherie, charcuterie, préparation des conserves. Fabrication des boissons et liqueurs : vin, cidre, bière, cognac. Art culinaire (v. industrie hôtelière).

5ᵉ Embranchement : Le commerce et le transport.

Cet embranchement comprend : le commerce, dont la fin propre est de livrer les choses utiles en un *temps* opportun ; et le transport, dont la fin propre est d'amener ces mêmes choses en *lieu* opportun, de plus, le transport a également pour objet les personnes et les choses.

20ᵉ GROUPE : *Commerce de l'argent et des capitaux et de la valeur en général.* — Commerce des banquiers, des changeurs, des courtiers, etc.

21ᵉ GROUPE : *Commerce des valeurs particulières produites par les arts et les industries.* — Commerce des immeubles, habitations, etc. Commerce des livres, nouveaux ou anciens ; des objets d'art, tableaux, antiquités, etc. ; de la bijouterie et de l'crfèvrerie ; des produits de l'élevage ou de la culture ; des produits des différentes industries (v. le 4ᵉ embranchement). Industrie hôtelière. Débit de boissons.

22ᵉ GROUPE : *Le transport.* — Il s'effectue par tous les moyens (traction animale, vapeur, électricité, etc.) et par toutes les voies : terrestres, fluviales, maritimes. Il s'étend aussi aux communications par lettres, dépêches, télégrammes, télégraphie sans fil.

TABLE DES MATIÈRES

SECONDE PARTIE

La synthèse des connaissances chez les Grecs, au moyen âge et dans les temps modernes.

Imprimerie Emmanuel VITTE, rue de la Quarantaine, 18, Lyon. — 854

Librairie Catholique Emmanuel Vitte

✳

Dictionnaire Alphabétique et Logique

de la Langue, de la Géographie et de l'Histoire

à l'usage des Écoles

PLUS DE 3.000 MOTS ILLUSTRÉS, CARTES GÉOGRAPHIQUES EN COULEURS

NOUVELLE ÉDITION

Un volume de 1184 pages. Prix : cartonnage spécial, 12 fr. 50

On lit dans le *Polybiblion* de janvier 1924, page 73 :

Dans sa livraison de septembre 1913, le *Polybiblion* a rendu compte de ce Dictionnaire, qui mérite la plus grande diffusion. Entièrement revu, perfectionné et mis à jour, il compte plus de trois mille mots illustrés. Les deux principales parties du volume : partie alphabétique (p. 1-967) et partie logique ou raisonnée (p. 833-1055) sont séparées par une autre, imprimée sur papier rouge et intitulée : *Morale* et *Sagesse pratique en proverbes*, commentés d'abord dans l'ordre alphabétique et disposés ensuite méthodiquement (p. 769-832). Dans sa préface de 1911, l'auteur nous disait justement : « On trouvera, dans cette Encyclopédie élémentaire, qui satisfait d'ailleurs à toutes les exigences d'un Dictionnaire classique, une démonstration nouvelle, aussi simple et pratique dans la forme, qu'elle est utile dans le fond, des vérités morales et religieuses sans lesquelles tout enseignement est faussé et stérile, sinon même dangereux et malfaisant. » En France, comme à l'étranger, cette excellente publication a vulgarisé la connaissance de la langue française et les principes de l'enseignement chrétien. « La présente édition — nous explique la seconde préface — est une mise à jour d'autant plus nécessaire que les événements accomplis depuis une dizaine d'années sont plus importants. La partie géographique a subi les changements exigés par la création de nouveaux Etats et le déplacement des frontières. Les chiffres de la population des départements et des grandes villes ont été donnés d'après le recensement de 1921, tout en conservant les chiffres du recensement précédent, fait en 1911. Ce rapprochement est instructif ; il permet de constater en détail le mouvement de la population et en particulier, la désertion des campagnes au profit des centres urbains. La partie historique s'est augmentée de quelques centaines de noms, qui appartiennent désormais à l'histoire du vingtième siècle. Dans le vocabulaire même de la langue, on trouvera un certain nombre de mots nouveaux, dont plusieurs marquent, pour ainsi dire, la date des faits historiques d'où ils ont pris naissance. Mais cette mise au point, quelle que soit son utilité, n'ajoute rien aux avantages propres de cet ouvrage. Entre tous les autres Dictionnaires, il permet d'étudier dans toute son étendue et dans toutes les directions la langue française, qui reste la base de l'enseignement à tous les degrés. »

Nous nous faisons un devoir et un plaisir de recommander la présente édition du Dictionnaire de Mgr Elie Blanc pour les jeunes gens des deux sexes ; ce qui ne nous empêchera pas de confirmer ce que nous avons dit déjà en 1913 : « Cet ouvrage vraiment encyclopédique est destiné par son auteur aux écoliers. Mais, selon nous, il ne sera pas moins utile aux hommes de lettres et, pour tout dire, à tout le monde. »

www.ingramcontent.com/pod-product-compliance
Ingram Content Group UK Ltd.
Pitfield, Milton Keynes, MK11 3LW, UK
UKHW022346090726
13658UKWH00001B/498